4·16구술증언록 단원고 2학년 6반 제4권

그날을 말하다

영만 엄마 이미경

4·16구술증언록 단원고 2학년 6반 제4권

그날을 말하다

영만 엄마 이미경

4·16기억저장소 기획 편집
(사) 4·16세월호참사가족협의회 지원 협조

일러두기

1. 음절로 식별 가능한 소리를 들리는 대로 전사하는 것을 원칙으로 한다.

2. 의미를 파악하기 위해 추가 설명이 필요할 경우 [ ]로 표시한다.

3. 몸짓, 어조 등 비언어적 행위는 ( )로 표시한다.

4. 구술자가 말을 잇지 못해 말줄임표를 사용하는 경우 ……, …로 길고 짧음을 표시한다.

5. 비공개 영역은 〈비공개〉로 표시한다.

6. 비공개해야 하는 희생자 형제자매의 이름은 ○○, △△ 등의 도형기호로, 생존자의 이름은 A, B, C 등 알파
   벳 대문자로 표시한다.

7. 비공개해야 하는 제3자는 직분이나 소속, 성만 공개하고, 이름은 ××로 표시한다. 비공개해야 하는 숫자는
   자릿수에 상관없이 □로 표시하며, 지명은 □□로 표시한다.

책머리에

　4·16기억저장소에서는 세월호 참사 5주기를 맞아 구술증언 수집 사업의 결과물 일부를 100권의 책으로 발간하게 되었습니다. 이 사업은 2015년 6월부터 다양한 학문 분야 구술 연구자들의 자발적인 참여로 진행되어 왔으며, 세월호 참사를 좀 더 정확하고 다각적으로 기록하고 기억하고자 하는 노력의 일환으로 수행되었습니다.

　2014년 참사 발생 이후, 참사 피해자들의 목격담과 경험은 안타깝게도 공식적인 국가기관과 언론의 기록 속에서 철저히 소외되거나 왜곡되었습니다. 그것은 세월호 참사가 우리에게 안긴 죽음과 고통의 충격만큼이나 우리 사회의 끔찍한 비극이었습니다. 따라서 사업을 진행하면서 세월호 참사 희생자 가족, 생존자, 생존자 가족, 어민, 잠수사, 활동가, 기자 등등, 참사의 초기 과정을 직접 경험한 분들의 증언을 우선적으로 수집했습니다. 구술자는 이 사업의 취지와 방식에 개인적으로 동의한 분 중에서 선정했으며, 참여 과정에 어떠한 금전적 보상이나 이익이 제공되지 않았습니다. 또한 구술증언 수집 사업을 진행하는 동안, 면담자는 연구자이자 참사를 겪은 공동체 시민으로서 최대한 윤리적이고자 노력했습니다.

구술자마다 매회 약 2시간씩 3회를 원칙으로 음성 녹취와 영상 촬영을 하는 방식으로 진행되었고, 증언의 일관성을 확보하기 위해 면담자는 큰 틀에서 공통 질문지를 사용했습니다. 공통 질문지의 내용은 참사와 구술자 간의 관계성에 따라 차이가 있지만, 유가족 구술의 경우 1회차 '참사 이전의 삶, 팽목항과 진도에서의 경험, 자녀에 대한 기억'을, 2회차 '참사 이후 투쟁과 공동체 활동 경험'을, 3회차 '참사 이후 개인 및 가족이 경험한 삶의 변화와 깨달음, 자녀의 현재적 의미'를 중심으로 했습니다. 이처럼 증언 내용은 참사 이전에서 시작해 참사 발생 당시의 경험과 이후의 변화 과정까지 폭넓게 수집했고, 면담자는 구술 채록 과정에서 구술자의 발화를 최대한 존중하고자 했으며, 무엇보다 각자의 특수한 경험과 다른 시각을 충실히 반영하고자 했습니다.

이 구술증언록의 발간을 위해, 채록된 음성 자료는 문서로 변환해 구술자와 함께 검토했고, 현재 시점에서 공개할 수 있는 영역과 할 수 없는 영역으로 구별했습니다. 따라서 책에 실린 내용은 모두 구술자로부터 공개를 허락받은 부분입니다. 비공개 영역은 추후 구술자의 동의를 받아 적절한 절차를 거쳐 추가로 공개될 수 있으리라 생각합니다.

이 구술증언록 100권에는 그동안 우리 사회에 왜곡되어 알려지거나 잘 알려지지 않았던, 참사 발생 직후 팽목항과 진도 혹은 바다에서의 초기 상황에 관한 중요한 증언이 포함되어 있습니다. 또한, 자녀를 잃는 잔인하고 애통한 상황을 겪으면서도 그 누구보다 강인한 정치적 주체로 성장할 수밖에 없었던 유가족의 마음과 경험을 구체적으로, 그리고 여러 각도에서 살펴볼 수 있습니다. 그 외에도, 이 구술증언록은 2014년을 전후한 한국 사회의 여러 측면을 드러내는 귀중한 자료가 되리라고 생각합니다. 무엇보다 국내외의 많은 분이 이 책을 읽어, 장차 세월호 참사의 진상 규명과 역사 서술에 기여할 수 있기를 바랍니다.

구술증언 수집 사업이 진행되고, 책으로 출간되기까지 많은 분의 도움과 지지가 있었습니다. 이 지면을 빌려 부족하나마 감사의 말씀을 전하고자 합니다.

먼저 (사)4·16세월호참사가족협의회와 4·16기억저장소에 감사를 드립니다. 이분들의 신뢰와 적극적인 협조가 없었다면, 이 사업은 처음부터 시작할 수조차 없었을 것입니다. 또한 어려운 정치 환경 속에서도 사업의 취지에 공감해 재정 지원을 결정해 준 아름다운가게와 역사문제연구소에 감사드립니다. 두 단체 덕분에, 이 사업을 4년 동안 계속해 올 수 있었습니다. 그리고 구술증언록 100권의 발간에 동의하고, 바쁜 일정에도 출판 실무를 기꺼이 맡아주신 한울엠플러스(주)에도 감사를 드립니다. 이 외에도 많은 개인과 단체가 직간접적으로 많은 도움을 주시고 격려해 주셨습니다. 여기에 모두 밝히지 못하는 것을 죄송하게 생각합니다.

　말할 필요도 없이, 가장 크고 또 가슴 아픈 감사는 구술자 한 분한 분께 드리고자 합니다. 이 책이 발간될 수 있었던 것은, 무엇보다 용기를 내어 아픔과 고통의 기억을 다시 떠올리고 장시간 진심으로 이야기를 해주신 구술자가 있었기 때문입니다. 오랜 시간 이야기를 나누며 함께 공감하기도 했지만, 그 아픔과 고통을 어떻게 가늠할 수 있을까 싶습니다. 더 큰 도움이 되지 못함을 안타까워하며, 이 구술증언록 100권의 발간이 피해자분들에게 조금이라도 위로가 될 수 있기를 기원합니다.

2019년 4월

4·16기억저장소 구술팀 책임자
서울대학교 인류학과 교수 이현정

차례

■ 1회차 ■

<u>17</u>
1. 시작 인사말

<u>17</u>
2. 구술 참여 동기

<u>18</u>
3. 자녀 교육 방식과 아이들의 학교생활

<u>36</u>
4. 직장생활과 일 경험

<u>43</u>
5. 아이들의 모범적 학교생활

<u>52</u>
6. 4·16 이후 큰아이의 힘든 대학생활

<u>55</u>
7. 영만이와 형과의 추억

■ 2회차 ■

63
1. 시작 인사말

63
2. 수학여행 준비와 출발 날

67
3. 사고 소식을 듣고 난 후, 진도로 이동

76
4. 팽목항, 진도체육관에서의 일들

95
5. 아이를 찾던 날

105
6. 아이의 장례 절차, 그 과정에서의 감정들

■ 3회차 ■

113
1. 시작 인사말

113
2. 최근 근황 및 인간관계에서의 고민

119
3. 4·16기억저장소 활동, 직장 복귀 등 거취의 고민

122
4. 참여 중인 세월호 활동

128
5. 건강상의 문제

130
6. 특별히 기억에 남은 일화, 화났던 기억

137
7. 후회와 아쉬움

143
8. 세월호 사건이 가져온 변화

148
9. 진상 규명의 의미

159
10. 앞으로 삶에서 추구하고 싶은 목표

영만 엄마 이미경

구술자 이미경은 단원고 2학년 6반 고 이영만의 엄마다. 운동을 잘하고 활발했던 영만이는 가족에게 웃음을 주는 사랑스러운 막내아들이었다. 엄마는 세월호 참사를 세상 사람들이 잊지 않도록 '4·16가족극단 노란리본'에서 연극을 한다. 또 맑고 순수한 소리가 천상에 닿아 영만이가 칭찬해 주기를 바라면서, 오늘도 '4·16합창단'에서 노래를 부른다.

이미경의 구술 면담은 2016년 2월 29일, 3월 21일, 6월 9일, 3회에 걸쳐 총 5시간 동안 진행되었다. 면담자는 이영롱, 촬영자는 김향수·김솔이었다.

구술자 본인의 프라이버시나 제3자의 프라이버시를 보호해야 할 부분을 제외하고는 구술자의 발화를 있는 그대로 전사했다.

1회차

2016년 2월 29일

1 시작 인사말

2 구술 참여 동기

3 자녀 교육 방식과 아이들의 학교생활

4 직장생활과 일 경험

5 아이들의 모범적 학교생활

6 4·16 이후 큰아이의 힘든 대학생활

7 영만이와 형과의 추억

1
시작 인사말

면담자　　　본 구술증언은 4·16 사건에 대한 참여자들의 경험과 기억을 기록으로 남김으로써 이후 진상 규명 및 역사 기술에 기여하고자 합니다. 지금부터 이미경 씨의 증언을 시작하겠습니다. 오늘은 2016년 2월 29일이며, 장소는 안산시 단원구 글로벌다문화센터입니다. 면담자는 이영롱이며, 촬영자는 김향수입니다.

2
구술 참여 동기

면담자　　　먼저 구술증언에 참여하시게 된 동기에 대해서 말씀해 주세요.

영만 엄마　　　그러니까 4·16 이 사건이 늘 다니면서, 그동안 다니면서 모르고 살았는데 이렇게 되고 나서 보니까 기록이나 사실 그런 것들이 증언? 증거? 이런 것들이 나중에도 굉장히 중요한 자료가 되는 거라는 건 분명히 알고 있지만, 저도 사실 불과 2년? 정말 길다면 길고 짧다면 짧은 시간인데도 불구하고, 벌써 그날의 그때 팽목항에서 있었던 일이라든지 그런 걸 곰곰이 생각해 볼 때 가물가물한 경우도 되게 많더라구요. 그런 걸 봤을 때 아무튼 저도 미루다 미루다 오늘 이렇게 하게 됐는데, 모두들 그 많은 사람들의 증언이나 이런 걸 통해서 더 구체적인 자료가 될 수 있고 하기 때문에 많은 사람들이 참여했으면 좋겠고. 저도 잘 기억이 안 나요, 그때 사람들이랑 얘기 하다 보면은 '아, 그때 그랬었었구나' 이런 게 떠오를 수 있겠지만 저 혼자 얘기를 한다 그러면 잘 기억이 안 나는 경우들 꽤 있거든요. 그런 게 조금 아쉽고 최대한 생각나는 대로 이야기를 하려고 해요.

3
자녀 교육 방식과 아이들의 학교생활

영만 엄마　　　그래서 오늘 얘기하신 것처럼, 4·16 이전 삶에 대해서 이야기를 하자고 하는데…. 4·16 이전의 삶이 우리 영만이의 그 17년 의 짧은 인생이 사실은 (눈물을 훔침) 제 인생이죠, 영만이 그 인생 이. 4·16 이전에는 그냥 평범했지만 굉장히 악착같이 정말 누구에게 도 뒤지지 않게 엄청 열심히 그렇게 살던 엄마였어요. 저는 모든… (울음) 삶을 오로지 아이들을 위해서 그렇게 살았었기 때문에 영만 이를 잃고 나서 너무너무 화가 나고 도저히 여전히 받아들일 수가 없고.

　　그때 사실 많은 부모들이 다, 아이들 키울 때 애가 사회에 나가 서, 지금 알게 된 이 사회 이전에 알지 못했던 이 사회에 있어서 내 아이도 대기업에 아니면 남들이 명예롭게 바라보는 명예로운 직업 그런 거에 대해서 저도 굉장히 많이 집착하고 생각했었어요. 그만큼 아이들이 똑똑하고 굉장히 아이들이 제가 생각할 때도 남부럽지 않 게 공부도 너무너무 잘하고 그랬기 때문에, 그런 욕심이 제가 굉장히 많았어요. 그래서 지금 얘기한 것처럼 '영만이 십칠 인생이 곧 나의 인생이었다'라는 걸, 내가 그 아이 인생에 온통 같이 17년 동안 소홀히 해본 적이 없었기 때문에(잠시 침묵).

저희가 안산을 오게 된 건 [영만] 아빠가 사업을, 건축 사업을 굉장히 크게 하다가 IMF 때 사업이 그때 실패를 하게 되어가지고 남편이 먼저 안산에 와 있었고, 제가 아이를 데리고 친정에서 한 3, 4년을 살았나 봐요. 그러다 보니까 큰아이가 초등학교 입학할 때쯤이 돼서 아이들을 제가 혼자 키우거나 할 수가 없는 상황이잖아요. 그래서 큰아이 입학하던 날, 초등학교 입학하던 날 제가 안산으로 오게 돼서 사동에 □□초등학교라는 데를 그날 큰아이가 입학을 했어요. 입학을 하면서도 저는 그 아이한테도, 사실 영만이도 그랬지만 영만이도 공부를 못하진 않았지만, 큰아이가 공부를 굉장히 잘하고 정말로 비교할 수 없을 만큼의 특별한 그런 머리와 그런 재능을 가진 아이였어요. 이십, 한 1개월? 이때부터 엄청나게 말을 잘했고, 그냥 말 하는 게 우리가 보통 생각할 때 애들이 엄마, 아빠 흉내 내는 말이 아니라 언어 표현력, 언어 구사력이 굉장히 뛰어나서 21개월 되니까 말을 엄청 잘하더라구요.

그런데 그때 큰아이가, 제가 큰아이 키우면서는 제가 그렇게 학력이 높거나 다른 사람처럼 고학력을 가지고 있진 않지만, 처음에 시작할 때 얘기한 것처럼 제가 욕심이 굉장히 많고, 아이들에 대한 욕심이 굉장히 많았어요. 그래서 큰아이는 그렇게 똑똑하게 된 게, 우리 집이 그렇게 남들처럼 굉장히 학력이 높고 유명한 직업을 갖고 그런 사람들이 없는데도 불구하고 [저는] 우리 큰아이를 그렇게 키우고 싶었어요. 전 그래서 제가 잘 모르지만, 태교는 그렇게 열심히 할 수 있는 상황이 아니었고, 시어머님이랑 제가 같이 살아서 제가 태교를 그렇게 잘하진 못했지만….

아이를 낳고 나서 그 아이가 그렇게 굉장히 까탈스러웠어요, 한 5, 6개월 되면서부터 굉장히 많이 울었어요. 엄청 울어가지고 얼마나 울었냐면은 저녁때가, 우리 애를 제가 3월에 낳았거든요, 큰애를 3월에 낳았는데 저녁에 해가 어스름하게 넘어가려고 그러면 한 5, 6시 되면 그때는 아직 해가 환한데 그때 되면 그렇게 울더라구요, 애가. 그리고 밤에도 그렇게 울어가지고 제가 키우면서도 무지 고생을 많이 했거든요, 잠도 못 자고. 〈비공개〉 애가 너무 그렇게 울었어요. 옛날에 그렇게 유난히 까탈스러웠던 게 모든 욕구가 충족이 안 됐던 모양이에요, 어떤 욕구인진 모르겠지만. 그래서 그냥 애를 제가 거의 달고 살았죠. 그리고 저녁때 되면은 어스름해지려고 그러면 애가 울어서 저녁을 제가 밥을 거의 못 해봤어요. 거의 안 하고, 시어머니가 계시고 하니까.

애를 업고 애를 재우든 어쨌든 바깥에 데리고 가서, 안에 갇혀 있는 게 답답해서 그런지 그래서 애를 업고 나갔는데, 그때 저희가 아파트가 제가 충주에 살았는데 아파트가 이렇게 두 동이 있었고 그 앞엔 다 그냥 공터였어요. 벌써 20년 전 일이니까. 그래서 애를 업고 나가니까, 공터니까 거기엔 사람들이 빈터니까 거기다 작물을 심어 놓기도 하고, 터가 넓으니까 기중기 같은 큰 차들[조중차]을 대부분 거기다 주차를 대부분 거기다가 세워놓고 새벽에 일을 나가시고 하시는 분들이 많았던 모양이에요. 그래서 애를 업고 다니면서 거기 있는 작물이 심어져 있는 거를 한 5개월 정도 된 아이한테 그걸 다 매일 제가 설명을 하는 거예요. 고추는 이렇게 생겨가지고 이렇게 이렇게 달리는데 초록색이었다가 빨간색으로 변하고, 씨는 어떻게 생겼고 그런 것들을. 들은 얘기로 "애들이 모든 말들을 듣고 있다"라는 거를 들었으니까. 저는 그냥 그런 생각에 첫아이를 낳았으니까 얼마나 의욕이 있었겠어요, 그렇게 해서 아이를 키웠어요. 매일 새로운 거 보는 것마다 제가 설명을 하는 거예요. 이건 이렇게 생겼고 저건 저렇게 생겼고 뭐 하는 데 사용하는 물건이며 어떤 소리를 내고, 기중기 같은 경우, 큰 레미콘 같은 차도 있었고 포클레인도 있고 모양은 어떻게 생겼고 어떤 때 사용하는 물건이고 그냥 제가 아는 대로 그걸 아이한테 매일 제가 설명을 했거든요.

그래서 그랬던지, 21개월 된 남자아이 같은 경우는 4살 다 되도록 거의 말을 '더더더'거리지 말을 잘 못해요. 그런데 우리 아이 같은 경우는 말을 아주 말소리도 또박또박하고 말을 너무 잘하는 거예요, 그러면서 21, 26개월 되니까 한글을 알게 됐고. 너무 신기한 거는 그냥 이렇게 집에 전단지 같은 게 와가지고, 이거를 제가 그때 기억나는 게 밥집이었던 거 같애요. '새미락'이라는 밥집 스티커, 이만한 냉장고에 붙이는 스티커가 왔는데 그걸 "새미락" 그러고 읽어주니까 그다음 날엔 그거를, 물론 들었으니까 기억했겠지만, 알고 그 새미락의 시옷이라는 게, 저희 집에 아이들 한글 하면, 기역 하면 '고래', 니은 하면 니은에 대한 단어들이 있잖아요. 그런 거 봤을 때 이렇게 보면, 그렇게 있으니까 21개월쯤에 그런 글씨를 다 알았어요, 얘가. 그러니까 고래 하면 기역이 있잖아요, 그럼 간판 같은 거 보면은 만약에 비읍을 보면은 비읍에 있었던 글씨 '버섯', 그 버섯을 "엄마 버섯, 버섯" 그때부터 글씨를 애가 알았어요.

그러고는 애가 그렇게 까탈스러우니까 밤에 자면서도 몇 번씩 깨서 그렇게 울었어요. 그래서 우리 시어머니가 애를 업고 엘리베이터를 타면 엘리베이터에서 애가 우니까 사람들이 "밤마다 우는 애가 너구나" 그럴 정도로 애가 그렇게 운 거예요. 제가 그 애를 키우면서 무지 고생을 많이 하고 얼굴이 제가 진짜, 그렇지만 지금도 얼굴이 누렇게 뜰 정도로 잠을 못 자고, 애한테 시달려가지고. 〈비공개〉

먹는 것도 우유를 먹어도 매일 토하고, 암튼 그렇게 엄청 힘들게 키우다 보니까 늘 애한테 붙어 있을 수밖에 없었고, 친정집이 가까우니까 친정집에 갈 때면은 어떨 땐 처음엔 책을 이만큼씩 가져갔는데 책을 내 집에서도 자기 전엔 아예, 하나만 있을 때니까 개만 보면 되잖아요. 그러니까 자기 전까지 몇 시간을 누워서 둘이 이렇게 누워서 책을 보는 거예요. 매일 그걸 읽어주고 그래서 그랬는지 굉장히 영리하고 정말 똑똑하고 비교할 수 없을 만큼 그냥 평범하지 않았어요, 정말로. 그리고 영어 단어 같은 경우도 "애기는 베이비야" 그럼 "애기가 뭐야?", "베이비" 그럼 그런 거를 한 이십몇 개를…. 그렇게 애가 영리하더라구요. 제가 그러면서 아이를 키우는 게 힘들기도 했지만, 그렇게 신기하니까 애가, 제가 그 애를 키우면서 써놓은 일기가 이렇게 있는데, 거기에 보면은 어디 가가지고, 그때는 제 일기장에 보니까 친구들이랑 같이 시청에 아마 볼일이 있어서 고만고만한 애들이랑 서너 명 엄마들이 있었으니까 데리고 갔는데. 지금은 그런 게 많지 않은데 그때는요, 이렇게 물고기 모형이 있어 가지고 왔다 갔다 왔다 갔다, 밑에는 이렇게 풀 같은 게 움직이는 게 모형으로 물체처럼 이렇게 이렇게 안에서 그런 게 있는데, 그런 걸 보고 그냥 한 이십몇 개월, 25, 26개월 된 애가 "엄마, 아름답고 신기하지?" 그런 이야기를 했었던 거 일기를 제가 써놓고.

그리고 한번은 바람이 무척 부는 날인데 애가 뭐 먹고 싶다고 해서 집 앞에 슈퍼에 애를 데리고 가서, 슈퍼 밑에 아파트 현관 밑에 거기에 슈퍼에 갔다가 딱 현관에 들어서면서는 "엄마, 아휴, 이젠 안심이다" 그렇게 애가 그렇게 말을 잘하는 거예요. 그래서 애가 그렇게 말을 잘하니까 사람들이 어릴 때는 무슨 변호사, 변호사 시키면 되겠다고. 그래서 어릴 때는 애를 그냥, 지금도 여기 선생님[면담자]도 박사님이시겠지만 그렇게 공부 많이 하고 그런 사람들, 박사. 그래서 어릴 때부터 제가 "이 박사, 이 박사" 하고. 정말로 그렇게 똑똑했어요, 애가. 그래서 그렇게 키우면서 아까 친정 이야기를 하다 말았는데 그렇게 책을 많이 읽다가 보니까 이 책을 다 외운 거예요. 애들 책은 짤막짤막하잖아요, 페이지는 많이 있지만. 그 페이지에 있는 그림에 문장은 네다섯 줄 이렇게밖에 없잖아요. 그러니까 친정에 갈 때는 책을 다 들고 갈 수 없으니까 가면은 거기 하도 봐가지고 그걸 다 외우는 거예요. "엄마가 한 페이지 읽을 테니까 니가 한 페이지 외워" 그러면 둘이 누워가지고 그 애기 때, 이십몇 개월, 영만이가 없을 때니까 이십몇 개월 안 됐겠죠. 왜냐면 영만이가 23개월 차이로 났으니까 한 십, 17개월 18개월 그런데도 그때 그렇게 말을, 그때부터 말을 굉장히 잘했던 거네, 이십몇 개월이 아니네. 그때 둘이 그걸 읽는 거예요, "세탁기는 돌돌돌" 그러면 얘는 페이지를 그렇게 다 외우고. 그럴 정도로 애가 굉장히 아무튼 똑똑했어요.

저는 그냥 그렇게 애 키우는 게 굉장히 자유롭게 가둬놓지 않고 구속하지 않고, 저는 모르지만 제가 생각하는 교육은 그렇게 생각했어요. 애들 그냥 많은 것 체험하고 보고 얘기하는 것처럼, 지금 교육자들이 얘기하는 것처럼 자유롭게 많이 보고 많이 경험하고 그런 걸 전 그냥 그렇게 생각을 했기 때문에. 그렇다고 제가 앉아서 제가 공부를 가르칠 수 있는, 제가 저기는[선생님은] 아니니까 저는 그렇게 그냥 생각했어요, 그냥 애 데리고 다니면서 많이 보여주고. 그리고 저희가 건국대학교 있는 데에 분교 있는 데가 집이거든요? 아주 시골은 아니지만 그래도 저희 동네에 조금 걸어가면은 강도 있고 그랬기 때문에, 맨날 거길 그냥 그렇게 [가는 게] 그게 일인 거예요, 하루 일과가. 친정에 가면, 그리고 애 아빠가 이렇게[사업 실패] 돼가지고 여기[안산] 먼저 와 있었을 때 그때도, 그땐 영만이가 있었을 때였고 그렇게 둘이 같이 가니까 매일 거기 가면은 길에 "소 키우는 사람도 있고 돼지 키우는 사람도 있고, 염소를 어디다 매어놓고 키우는 사람도 있잖아" 그런 걸 그냥 다 데리고 다니면서 보여주는 거예요, 보여주고 다니면서 그거 궁금한 거 물어보면 그냥 아는 대로 대답해주고 그렇게 자유롭게 키웠어요.

그리고 연장, 시골에도 위험한 연장 같은 게 많이 있지만 제가 보는 앞에서는 그냥 만진다 그러면 만지게 내비 두는 거, '지가 해봐야지 그걸 알 거'라고 전 생각했어요. '안 돼, 못 해' 이런 말 절대 안 하고 "어, 해봐! 그래도 이러이러해서 주의는 해야 해" 이렇게 설명해 주고, 그럼 지가 만지고 싶으면 만지고 가지고 싶으면 가지고 놀고. 한번은 그것도 영만이랑 둘이 한 5살? 7살? 이렇게 됐겠네, 5살 6살 이렇게 됐거나…. 한번은 저녁때쯤, 한 이때쯤 됐을 거 같은데? 저는 부엌에서 밥을 하고 있고. 시골집이 마당이 굉장히 넓어요, 마당에서 늘 땅을 파든 뭘 하든 실컷 놀아요. 비 오는 날은 그냥 빤스[팬츠]만 입고 나가가지고 자전거에다가 그 흙을 다 발라놓고, 그래도 못 하게 하지 않았어요, 그냥 해보게 그냥 내버려 두는 거야. 그런데 한번은 애들이 이렇게 이렇게 칼싸움 같은 거 하고 논다는데, 이렇게 아주 뭉툭하게 그냥 오래된 낫하고 뭘 들고 있었는지, ○○가 그걸[낫을] 들고 있었고 영만이는 뭘 들고 있었는지 모르지만 그걸 가지고 장난하다가 영만이가 여기를[얼굴을] 살짝 찍혀가지고 들쳐 업고 병원에 간 적이 있고.

　그래도 그냥 그걸 '하지 마, 만지면 안 돼' 전 그런 소리 하며 키우지 않았어요, 그냥 자유롭게 내버려 뒀어요, 아이들 교육에. 그러다 보니까 우리 큰아이가 글도 빨리 뗐지, 말도 너무너무 잘하지, 그러니까 애가 엄청 영리한 거예요. 제가 볼 때도 아주 신기할 정도로 영리해, 모르는 게 아주 없어. 그리고 책을 읽을 때쯤 되니까, 지금도 있는지 모르겠는데 웅진에서 나오는 '비주얼 박물관'이라고 깨알같이 글씨가 정말 백과사전이에요. 백과사전 수준에[이] 되는 그 책도 한 5살인가, 4살 5살부터 읽었던 거 같애. 그래 가지고 『초기 인류』라는 책을 가장 좋아했는데 그래서 우리 큰아이가 어렸을 때부터 꿈은 역사학자, 고고학자. 5살짜리가 고고학자가 뭐 하는 사람인지 알겠어요? 그런데 그런 역사책을 굉장히 좋아했고 세계문학, 이런 거에 굉장히 관심이 많고 좋아했어요. 그러다 보니까 세계 국기,

국기를 모르는 게 없어. 국기를 딱 보면은 여기 인구는 몇 명이고, 이 나라에 가장 유명한 흔히 말하는 특산물? 그런 건 뭐고 국기를 보면 다 아는 거예요, 알고. 5살 정도 되면서 굉장히 똑똑하고 글씨 다 알고 하니까 아무튼 엄청 똑똑했어요.

그러니까 그때는 아빠가 사업에 실패했지만 여기 와서 나름 애들을 굉장히 유명하다는, 지금도 있는지 모르겠지만 '시찌다교육원'이라는 일본에서 들어온 교육하는 곳이 있어요. 제가 알기로 그때 굉장히 수업료가 비쌌는데 거기선 연산 관련, 뭐지? 기억하는 거? 카드나 이런 걸 통해서 잠깐의 기억으로[순간 기억법] 그런 교육들과, 일반 유치원이 그때 제가 알기론 유치원비가 10만 원이 안 됐던 걸로 알고 있는데 우리 아이들은 거의 30만 원이 넘는 유치원비를 둘이 내고 다녔으니까. 그런데 ○○는 워낙 똑똑하니까 너무나 잘하는 거예요, 그래서 거기서도 교육이 괜찮았고. 그리고 그렇게 하다 보니까 큰아이가 엄청 똑똑하고, 얘기한 것처럼 『초기 인류』라는 책, 무기에 관련된 무기 책, '비주얼 박물관'에서도 지들이 책이 사십 몇 권, 43권인가? 그런 걸로 알고 있는데, 그거 중에서도 좋아하는 책이 『초기 인류』 책이 아주 나달나달하게 다 읽은 거. 그러니까 5살 정도 됐는데 엄마, 크로마뇽인은 어떻게 생겼고, 직립보행 했던 저기는[종은 누구고], 가장 초기에 사람이 누구고 공룡 이런 것도 너무 잘 알고, 화성 그런 거에 대한 지식이 아주 해박했어요, 애기인데도 불구하고.

그래서 밖에 다니면서, 나무 같은 거 보면은 남들은 나무라 그러면 나무를 보지만 [큰애는] 나무를 예사롭게 보지 않는 거야. 나무에

흠집 같은 게 있거나 그러면, '이 나무는 어떻게' 책에서 본 것과 늘 연관을 하고, 돌멩이 같은 것도 지금도 제가 집에 애들이 주워다 둔 돌멩이를 이런 락앤락 통에 한가득 가지고 있는데, 많이 버리기도 했지만 갖고 있는데, 다니면서도 이상하게 생긴 걸 다 주워 와요. 애들이 자기들은 책에서 본 거 이런 거 보니까 신기한 거야. 그런 걸 다 주워와 가지고 무슨 화강암이니 무슨 암이니 무슨 암이니 책에 봤던 거 그런 걸 다 얘기하고 그게 다 놀잇감이고. 그래서 아빠가 그렇게 사업 실패해서 어렵게 된 건 애가 초등학교 여기[안산], 애들 입학하면서부터는 많이 어려워졌어요. 그래서 그때부터는 아이들이 초등학교 입학하고 우리 영만이랑 유치원을 다니는데, 제가 좀 별난 엄마인 게 저기 충주에 시찌다교육원이라는 데를 어차피 차가, 교육료가 비싸니까 당연히 멀리, 그 도시라기보단 시내와 동네 차이가 거리가 있는데도 불구하고 아이를 픽업하러 오잖아요. 그런데 인근에 있는 여기 집에까지 오려고 하면 한 20분? 20분은 안 걸릴 수도 있겠구나. 차로 오면 20분 안 걸릴 수도 있겠지만 웬만한 유치원 같은 데에선 [20분 걸리면] 데리러 오지 않겠죠. 그런데 제가 그때 너무 용감했던 게, 우리 큰아이를 거 충주에서 가장 좋은 유치원을 보내고 싶은 거예요. 제가 욕심이 말도 못 하게 많았어요, 애들에 대한 욕심이.

그래서 그냥 무작정, 거기에는 □□유치원이라고 성당에서 운영하는 유치원인데 굉장히 유명해요. 교육이라든가 이런 게 유명하다 보니까 추첨을 해서 애들을 뽑는 거예요. 그런데도 저도 [접수를 했어요]. 용감하게도 내가 방법도 없어, 차도 없었어 그때는. 그래서 데려다줄 저기도 없지만 그냥 거기에 등록을, 접수를 했어요. 그랬는데 너무 신기한 게 그때 제가 꿈을, 접수를 해놓고 제가 꿈을 꿨는데 제가 거기를 너무 보내고 싶은 거예요, 어쨌든 거기가 잘한다고하니까. 그래서 저도 엄청 욕심이 유별났던 별난 엄마여서 그랬는지, 그때 꿈을 꿨는데 물 꿈 같은 게 좋다고 하잖아요, 이렇게 물에 무슨 꿈이었는데 호랑이 다리를 제가 덥썩 잡는 꿈을 꿨어요, 물 있는 데에서. 그래 가지고 우리 큰애가 [합격이] 된 거예요. 유치원에 [가게] 됐는데 큰애가 유치원에 뽑혔어요, 교육비도 조금 더 비싸고 [하지만] 그런데 큰아이가 뽑히면 작은애는 그냥 [그 유치원에] 자동으로 가게 돼 있는 거예요. 그런데 작은아이까지 둘을 보내려니까 제가 경제적으로 고민을 안 할 수가 없더라구요.

그래서 일단 큰아이만 보내고 [다음에 둘째를] 보냈는데 어떻게 보냈냐면은, [돈이 없어서] 안 되겠더라구요. '뭘 해야 할 거 같애' 제가 그래서 시내라고 말하는 거기에 직장이나 이런 걸 [취직을] 해야 할 거 같아서 동네 친구 애가, 동네 보험회사를 다니는 친구가 있었어요. 그래서 제가 그 친구한테, 보험회사 사람들이 사람 하나 자기 밑으로 데리러 가기 얼마나 애를 써요. 그런데도 불구하고 아무 말도 안 하고 나 보험회사 간다고 친구를 불렀어요. 그런데 보험회사를 우리 큰애 때문에, 꼭 보험 일을 제가 하려고 해서 한 건 아니었지만, 큰애 때문에 그냥 그럼 큰애를 픽업을 하러 오니까 아침엔 제가 출근하면서 데리고 가면 거기서 픽업을 할 테고 그럼 거기서 끝나면, 끝나고 나서 애를 제가 사무실에 있는 게 아니니까, 애를 제가 봐줄 수가 없잖아요. 그래서 그 인근에 미술학원을 [등록]해가지고,

미술학원에 애를 그 시간에 제가 퇴근하는 시간까지 애를 맡겨놓을 수 있게 하고. 그러고 작은아이는 다른 유치원을 보냈는지 당분간은 제가 데리고 다니기도 하고 친정 엄마가 있으니까 친정 엄마한테 맡기기도 하고. 그랬던 거 같아요.

그렇게 해서 큰아이를 [교육]했는데, 유치원이 교육 시스템이래는 게 너무너무 잘 되어 있어가지고요, 큰아이가 워낙 똑똑하기도 했지만 유치원에서의 프로그램이 아주 굉장히 체계적이었어요. 그리고 보통 유치원처럼 일반적인 교육이 아니었던 거 같애. 지금도 그런 유치원에서의 애들, 선생님 보셨는지 모르겠지만 제가 그래서 지금 얘기한 것처럼 아이들이 너무 잘하고 그러니까 내가 이 아이들의 그런 시간들을 그게 [흘려보내는 게] 너무 아까운 거예요. 이 시간을 내가 이렇게 보내고 이 아이들의, 자기들의 모든 거를 기억 못 하니까 그런 것들이 너무 아쉬워서. 제가 애들이 너무너무 잘했으니까 그래서 제가 어릴 때부터 애기 때부터 물건들을 다 모아놓은 거예요, 애기들 물건을. 애기 때 기저귀고 그것도 열몇 개씩 되지만 한 개씩 주려고 두 개 넘겨놓고, 가장 우리 큰아이 같은 경우는 돌 때 입었던 그런 옷이라든가 그런 거 추억이 될 만한 물건들을 제가 버리지 않고 그걸 다 모아놓은 거예요. 유치원에서 했던 활동집 그게 너무 신기한 게 애가 너무 잘했으니까, 활동집 읽어보면 "야, 어릴 때 이렇게 잘했을까?" 한 5살 이렇게 되니까. 아까 이야기한 초기 인류 이야기 있죠? 그런 걸 가지고 글을 애가 써놓은 그때 누런 이만한 연습장 같은 데에다가 앞뒤로 해가지고 그림을 그리고 그런 걸 한 대여섯 장 정도의 이야기를 써놓은 거예요. 5, 6살? 이렇게 됐을 때 그런 것도 다 제가 너무 신기하니까 그런 것도 제가 다 가지고 있고. 그런 것들이 지금까지도 몇 박스를, 유치원에서 활동집 이런 걸 보면은 '어떻게 얘 나이 때 이런 걸 알 수가 있을까' 신기할 정도로.

그때부터는 저는 우리 큰아이보다 제가 지식적으로 떨어졌던 거 같애, 한 7살 이렇게 되면서부터. 그래서 맨날 우리 [아이들] 아빠랑 우리 집에서 제일 똑똑한 사람은 우리 ○○라고, 뭐 물어보면 우리 ○○한테 물어보아야 한다고. 그러니까 책 같은 것도 많이 보고, 그래서 제가 일부러 처음에도 여기 처음 안산에 오면서도 가장 먼저 생각했던 건 도서관이 가까운 곳 그런 데에다 집을 얻어서, 제가 아까 □□초등학교라 그랬는데 거기 학교가 사실 집에서 거리가 멀어요. 집 있는 데가 감골체육관이 있고, 감골도서관이 있고 되게 잘 되어 있는 도서관도 있고, 그런데 집에서 학교까지 거리는 아이들 걸음으로 한 20분 정도 걸어야 되지 않을까 싶어요, 그걸 늘 걸어 다니는 거예요. 그런데 늘 걸어 다니면서 아이가 길에서 보는 거, 가면서 상점에 있는 것들 구경하기도 하고 그러면서 보내기도 하고, 학원 보내면 학원에서 학원 차가 데려다주기도 하고. 그러면서 아이들에 대한 각별한 그런 제, 물론 부모들은 다 똑같겠지만 제가 좀 아주 유별나게 아이들이 그만큼 잘했기 때문에 그걸 하나도 놓치고 싶지 않고 그거에 뒷받침할 수 있는 그런 마음을 늘 가지고 굉장히 애착을 가졌어요, 애들한테.

근데 저희 첫아이도 학교에 딱 보내놓고 나니까 아까 말한 것처럼 한 초등학교 4학년, 5학년 이런 애들보다도 아주 해박한 지식들을, 아까 얘기한 것처럼 세계 문화, 세계 유산, 세계 역사 이런 데 관심이 많댔는데, 어릴 때부터 늘 5, 6살 때부터 그런 책을 보다 보니까 세계, 지금도 영만이 얼마 전에 생일 모임 할 때도 제가 가져갔었지만, 이만한 전지에다가 엎드리기만 하면 내내 세계지도를 그리는 거예요, 눈 감고도 세계지도를 다 그렸어요. 그니까 정말로 아주 신기할 정도로 완전히 진짜 애기 때는 천재 같았어, 진짜루. 모든 엄마들이 자기 애 천재 같다고 그러지만 우리 애는 정말로 천재 같고 굉장히 남다르고 특별하고, 저보고도 선생님들이 다 굉장히 영재 같다고 아이가 남다르고 특별하다고 그런 이야기를. 그런 기본적인 교육을 하기 아까울 정도로 굉장히 똑똑하고 초등학교 1학년 딱 보내고 나니까 다 알지, 의성어, 의태어 그런 것도.

그래서 제가 선생님들 우리 첫아이도 그렇고, 초등학교 선생님도 그렇고 내 아이를 이뻐하니까, 그리고 내 아이가 학교에서 너무 잘하고 있으니까 선생님들한테 이쁨을 많이 받잖아요. 그러다 보니까 저도 그렇게 특별한 엄마가 돼서 늘 학교에 아이들 일에, 매일매일 제가 큰아이 초등학교 입학시키면서도 제가 학교 근처에다 일부러 직장을 구한 거예요. 그래서 우리 큰아이를, 제가 그때는 우리 큰아이 유치원 보내고 정말로 똥차를 제가 구입했어요. 그 차를 제가 어떻게 끌고 나갔는지 모르게 우리 집에서 유치원까지 거리가 차로 20분 정도 되는 거리를 천천히, 애를 어쩔 수 없으니까 데려다줘야 하니까 그렇게 해가지고 끌고 다니다가 안산에 와서 애를 입학을 시켰는데, 애가 너무 잘하니까 학교 가서도 애가 다 알잖아요, 우리.

그리고 애 성품 자체도 엄마가 애 자랑하는 게 그렇긴 하지만, 애들이 이렇게 똑똑하고 잘나고 그렇다고 해서 거만하거나 그렇지 않아요. 굉장히 배려심도 많고 굉장히 온순하고 가장 칭찬할 만한 거는 남을 정말로 잘 배려하고 남의 이야기를 잘 들어주고, 누구랑 트러블이 있는 일이 한 번도 없었어요, 우리 애들은. 지금까지 20년을 키우면서도 누구 친구들이랑 누구랑 다퉜다? 제가 우리 영만이가 그렇게 가고 나서도 우리 큰아이한테도 그랬어요. "우리 영만이는 지금까지 살면서 아마 한 번도 누구랑 욕하고 싸워보지 않았을 거"라고. 그 정도로 애들이 순했어요. 처음에 제가 조그마한 애들 둘이[을] 데리고, 친구네 집에 친구들 데리고 엄마들 모여서 애기들 같이 놀고 할 때도 여자애들보다도 더 얌전하게 앉아서 책 보거나, 그리고 남의 집에 가가지고 그리고 노니까 친구 엄마들이 저보고 애들 둘 키우는 것도, "여자애들보다도 어쩜 그렇게 순하냐고 애들이" 그럴 정도로 애들이 굉장히 순하고 말썽이란 걸 부려보지 않았어요, 둘이 싸우거나 그러지도 않았고.

제가 그렇게 남편이 사업을 실패하고 와서 직장을 다니게 됐다고 얘기했는데, 저희 큰아이를 입학시켜 놓고 직장 구했는데 학교에서 바로 멀지 않은 한 5분 정도밖에 되지 않은 거리에 한양대학교가 있는데 사동이 한양대학교 있는 데 근처예요. 한양대 앞에 윤선생 영어가 있었거든요, 윤선생 영어교실을 나가고 아침에 출근하면서 애 데려다주고, 그리고 윤선생 영어는 자유롭게 일할 수 있으니까 애 끝날 때 되면 데리러 가고. 초등학교 입학해 놓으면 엄마들이 아이들 학교 청소나 이런 거 다 해주잖아요, 그러다 보니까 엄마들이랑도 가까워지기도 하고. 그러다 보니 매일 우리 애 학교 다니면서 제가 학교를 같이 다녔다 그랬어요, 매일 애를 학교 데려다주고 데려다 오고. 애가 그날그날 뭘 했는지가 너무너무 신기하니까 너무 잘하니까, 그래서 선생님들도 너무 이뻐하고. 그래서 초등학교 때 1학년 때 선생님, 이××선생님이라고 지금도 연락하고 하는데 제가 우리 영만이 이렇게 된 이후로 연락을 안 했어요. 알고는 계시겠죠, 언론을 봐서 분명히 알고는 계실 텐데 그렇다고 먼저 연락하실 순 분명히 없으실 것이고 언젠가 연락을 해봐야겠지만, 그 선생님도 제가 아직까지 우리 큰아이 다닐 때 선생님이, 우리 큰아이가 아까 책을 많이 봤다 그랬잖아요. 일기를 너무 잘 쓰는 거예요, 애들이 사실 일기 쓰라 그러면 몇 줄 쓰기 힘들어할 텐데 일기를 이만한 데에 처음부터 그림일기 안 쓰고, 어차피 유치원 다닐 때부터 그림일기 다 쓰고 한글 다 알고 했으니까 글을 너무 잘 쓰니까. 아까 얘기한 것처럼 한 6살 됐을 때 이야기를 인류에 관련된 그런 스토리를 지가 만들어가지고 동굴에 가가지고 숨어 있다 나왔는데 뭐 어떻게 했다, 그런 이야기를 한 대여섯 장 된 이야기를 지가 쓸 수 있었으니까.

일기를 너무 잘 쓰는 거예요. 거기에 선생님이 일기 검사 하잖아요, 지금은 인권침해니 어쩌니 해서 못 하게 하지만. 일기 읽어보시곤 선생님이 "일기가 너무 재밌다"고, 그 밑에다 "○○ 일기를 읽으면 시나 소설을 읽는 거 같다"고 달아놓으시고. 한번은 그 일기, 의성어, 의태어 배울 때 의성어, 의태어가 들어가는 말을 넣어서 일기를 써 와라. 제가 지금도 기억하는 게 그런 일기에, 일기를 글을 너무 잘 쓰는 거예요, 제가 지금도 그걸 잊어버리질 않아. 비행기를 타고 가다가 바다에 어떻게 돼가지고 슈웅슈웅 소리도 나고, 비행기가 쏭쏭 소리가 나니까 그런 소리를 냈고, 저 미국에 있는 것도 큰 화석처럼 생긴 거 뭐 있죠? 아유, 왜 생각이 안 나지? 이렇게 생각이 안 나. 아무튼 화석, 유명한 관광 유산지라 해야 하나? (면담자 : 그랜드 캐년요?) 그랜드캐년[그랜드캐니언], 전 그렇게 생각이 안 나요. 그런 데 그때도 7살이 그랜드캐년에 갔는데 어쨌고 저쨌고 그런 얘기를 의성어, 의태어를 넣어서 그 일기를 너무 잘 쓴 거예요. 그렇게 애가 영리하고 너무 똑똑하고 그렇게 했고 그러다 보니까, 그 아이에게 초집중돼 있고 처음에 이렇게 가면은 그 의성어 의태어도 시험을 보 잖아요. 두 개가 간간히 이렇게, 이게 의성어야 의태어야 헷갈리는 것들이 많아요. 지금도 종합장에다 우리 아이가 시험, 쪽지 시험 본 걸 종합장이랑 제가 다 갖고 있는데, 거기에 보면은 큰아이가 이렇게 의성어 의태어를 10개씩 시험을 봤는데 그걸 애가 다 맞은 거예요. 그러니까 선생님이 "야, 여기 다 맞은 사람 나왔다!" 그러면서 그렇게 칭찬해 주고 그러면서 너무 이뻐 가지고 어쩔 줄을 몰라서 여길[볼을] 이렇게 꼬집었다는 이야기 그런 얘길 집에 와서 하니까. 애가 너무 잘하니까 신기하고 지금 큰아이가 그런 것도, 애가 학교 갔다 오면은 너무 신기하고 너무 잘하니까 너무 기특하잖아요. 그러니까 제가 매일 가방을 다 열어보고 어디까지 공부했는지 보고 알림장 보는 건 당연하고, 매일매일 그걸 제가 보는 거예요, 학교생활을 제가 정말 같이하는 것처럼. 너무 이쁘게 너무 잘하니까, 너무 기특하고 너무 신기하게 그렇게 잘하고.

한번은 와가지고, 지렁이나 이런 거에 대해서 배우고 지렁이에 대해서 그림도 그리고 지렁이가 어떤 동물인지 쓰라고 했는데 거기 밑에 우리 애가, 제 기억에 지렁이가 흙이나 이런 걸 보기에는 저기

하지만[징그럽지만], 땅속에서 모든 식물이나 이런 걸 해롭게 하지 않고, "해롭게 하는 걸 해치고 이롭게 하는 동물"이라고 그러면서 "지렁이를 보면 징그럽다고 절대 밟지 마세요, 밟아 죽이지 마세요" 이런 내용들 쓴 거예요. 그걸 보고 선생님이 "어이구, 너무 잘한다"고 애가 너무 이쁘니까 선생님도 그렇게 매일 이런데 이랬다고 하면서 집에 와서 말하고. 자기가 학교 가면은 선생님이 지금도, 얼마 전에도 영만이 이렇게 되기 전에 통화하니까 "○○는 그때 제가 봤을 때도 특별하고 영재인 아이였었다"라고 그런 이야기. 정말 비교할 수 없을 만큼 초등학교 1학년이었지만 아이의 이런 지식이나 이렇게 [뛰어났어요]. 지금이야 아이들이 어느 정도, 10살 이렇게 되면은 애들이 그만큼의, 우리 아이는 처음에는 시작할 때부터 굉장히 지식 습득이 많이 돼 있었으니까 어릴 땐 굉장히 똑똑했죠, 그죠? 다른 애들이랑 비교할 수 없을 정도로 똑똑했고.

그렇지만 5학년, 6학년 되고 하면서, 그래도 공부를 못하지 않았어, 너무 공부를 잘했고 올백 맞고 12과목 봐도 올백 맞고. 그래서 선생님이, 다른 반 선생님이 우리 아들 시험 보고 와가지고 12과목 봤는데, 그때 제 기억에 우리 애가 5학년 2반이었는데 담임선생님 아버님이 돌아가셔 가지고 제가 조문을 갔다 왔었고, 그때가 시험기간이었는데 시험 끝나고 선생님이 안 계시니까 다른 선생님들이 찾아오셔 가지고, 우리 애를 손을 잡고 하면서 "니가 인간이냐?" 하면서 "12과목 다 올백 맞았다"고 그러니까 다 올백 맞고. 그 올백에 대한 이야기는, 초등학교 1학년 들어가서 4과목 시험을 보잖아요. '슬기로운 생활', '바른 생활', '국어', '수학' 이렇게 보잖아요. 그러고 집에 와가지고 시험 보고 나서 "엄마, 나 다 맞은 거 같애" 그러는 거예요. 그래서 "어, 진짜?" 그러니까 제가 그다음 날 집에 있는데 애가 얼마나 뛰어왔는지, 올백 맞았다고 땀을 뻘뻘 흘리면서 한 20분 정도 거리를 걸어야 되는 거리를 갖다가 거길 엄청 뛰어온 거예요. 저한테 올백 맞았단 얘기를 해주려고 "엄마, 나 올백 맞았어!" 그때 기억을 아직도 잊어버릴 수가 없어요. 공부를 그렇게 잘하고, 제가 그렇게 아이들 키우면서 비록 조금….

4
직장생활과 일 경험

영만 엄마　　그리고 제가 윤선생 영어를 하다가 한 3년 하니까 너무 지겹더라구요? 그래서 제가 다른 일을 할까 뭘 할까 알아보면서, 그냥 가만히 있으면서, 그런데 제가 그런 것도 부끄러워하지 않고 그냥 아무거나 했어요, 되는 대로 그냥 알바를. 그래서 누가 아는 작은아이 친구 엄마가 무슨 전단지 돌리는 거? 그런 거 얘길 해가지고 주말에만 제가 그걸 자기네 누구 아는 사람 있으니까 해볼 수 있겠냐고 그래서 "그래, 해볼게" 해서 주말에만 그걸 전단지 몇 번 돌려보기도 하고. 한 달 정도는 직장 안 다니고 집에 있다 보니까 여기 잠깐 누가, 아는 애가 염색 공장 다닌다고 "거기 가볼래?" 해서 한번 가보자고(웃음). 그런데 그때 기억이 너무 마음이 아픈 게 어딜 가도 제가 일하는 게 악착같이 일한다고 그랬기 때문에, 남한테 일 떨어지는 것도 싫어했기 때문에 너무 제가 일도 잘하는 거예요. 염색 공장 가가지고도 포장하고 이런 게 너무 재밌는 거예요. 그래서 너무 잘해가지고 거기서 그 반장 언니가 누가 여기로 오라고 그러고, 손 딸리는 데 있으면 누구 오라고 저 맨날 불러가지고 그래서 그분이 제가 거길 한 달인가 얼마밖에 안 다녔는데도 불구하고 그다음에 어디 일자리 옮겨 갈 때마다 저한테 일을 같이 가자고 저를, 맨날 전화가 오고 (웃으며) 그랬었어요.

그런데 거기 다니면서 제가 나중에 들었는데, 제가 아이들에게 온 정성을 다 쏟고 하는 게 너무 마음 아픈 게, 그런 공장을 한 달 정도 갔더니 아침에 일찍 나가잖아요. 거기는 7시나 이때 나가니까 애들 다 챙겨주고 간다고 해도 마음이 안 놓이는 거예요. 엄청 그런 걸 제가 신경을 많이 썼어요. 우리 애가 공부도 너무 잘하고 선생님들 이뻐하고 했지만, 저두 내 아이가 가서 제일 예뻐야 하고 옷차림이나 이런 것도 제가 엄청 신경을 많이 쓰고 제가 그랬어요, 별난 엄마였어요. 아이들한테 보여지는 거 그런 게 그때도, 하루는 우리 옆집에 큰아이 친구 엄마가 살았어요. [그 친구 엄마가] 그러더라구요, 학교 가는데 아침에 그 엄마네는 4층 사는데 아이 학교 가는 걸 내려다봤나 봐요. 그랬더니 우리 영만이가 슬리퍼를 신고 학교를 가더란 거예요. 제가 그 말을 듣고 너무 마음이 아프더라구요. 아, 애가 내가 못 챙겨줘 가지고, 애가 그렇게 아침에 옷을 다 채려입고, 제가 뭐뭐 입으라 해서 그건 주워 입었는지 그래도 애가 입으니까 깔끔하게 못 입잖아요. 전 그런 것도 마음에 안 드는 거예요, 내보낼 때 내가 완벽하게 해서 내보내고 하는데. 그러다 보니까 제가 한두 달 정도 하고는, 거길 계속 다닐 생각은 아니었지만 잠깐 쉬고 하는 동안에 거기도 [일]했고. 안 그러면은 명절 때쯤 되니까, 우리 큰아이 엄마 중에서 마트를 다니는 엄마가 있었어요.

그러니까 전 지금도 그래요 일을 하는 건 겁이 안 나, 뭘 해도 잘할 수 있을 거 같애. 그러니까 일에 대한 그런 자신감이 어디서 오는 건지 모르지만. 제가 잘난 척을 내세우고 하진 않지만 자존감이 높은 거 같애, 제가 뭐든지 다 잘할 수 있다는 생각? 그러니까 아이들한테도 저는 그런 생각을 심어주고. 또 그 엄마가, 마트에 다녔던 엄마가 있는데 제가 집에서 노니까 명절 때 마트에서 일을 해보지 않겠냐고, 마트에 가면 그거 왜 세트 판매 하는 걸 하루에 7만 원인가를 준다는 거예요. 그때 일당으로 7만 원이면 상당히 높은 거든요. 그래서 "언니, 그거 나 할게" 그래서 마트에서 한 10일, 12일 정도 하는 거 같애요, 보름을 넘기지 않고 하면은, 잠깐 일하면 수입이 괜찮잖아요. 마트에 일해보니까 일하는 거 너무 재밌는 거예요. 가가지고 제가 목소리도 크고 하니까 손님들한테 호객 행위 해서 파는 것도 너무 잘 팔고 그러니까 그것도 너무 재밌었어, 그래서 제가 마트를 꽤 다녔어요.

그러니까 제가 참 안 해본 게 없는 거 같애. 뭘 어떤 일을 하든 두려워하지 않고 겁내지 않고 저는 뭐든지 하면 제가 잘할 수 있다는 자신감에 정말로 잘했고, 뭘 해도 제가 잘했어요. 그래서 마트도 제가 꽤 다녔어요. 그러면서 자꾸 제가 돈을 이렇게 버는 능력이 있다는 걸 아니까 제가 욕심이 생기는 거예요. 그래서 직장을 구한 게 TM[텔레마케팅] 있죠? TM 사무실을 처음에, 왜냐면 제가 처음에 늘 애들 때문에 신경 쓰는데 공장 같은 데는 늦게 끝나고 그러잖아요.

38
•
영만 엄마 이미경

그러니까 공장 같은 데는 다닐 생각도 하지도 않았지만 마트도 역시 마찬가지인 거예요, 꽤 다녔어요. 그래두 한 1, 2년은 다닌 거 같은데? 거기서도 행사 하다 보니까 팔고 하는 것도 되게 잘 팔고 그러니까 거기서도 판매 사원을 여기저기서 구하잖아요. 그래서 판매 사원 구했다 해서 한 1, 2년을 다닌 거 같애. 그런데 마트 다니는 게 어떻게 보면 시간 활용을 잘하면 좋을 수도 있지만 참 나쁜 점이, 제가 롯데마트 다닌 적 있었는데 롯데마트는 밤에 12시까지 근무를 해요. 그러다 보면은 [오후] 3시에 출근해 가지고 12시에 퇴근하고 아침에 출근하면은 저녁에 퇴근하고. 그러다 보니까 이 시간이 너무 애들한테 이렇게 신경 쓸 [수가 없었어요]. 그때 그러니까 제가 고생을 많이 했던 거 같애.

왜냐하면은 애들도 제가 챙겨야 하는데, 애들을 제가 놓지 못하는 욕심이나 마음이 그런 게 엄청 많은데 일하느라고. 일도 보다시피 제가 건강한 사람은 아니에요, 체질도 그렇고 건강한 체질은 아니거든요. 그래서 그때도 제가 고생을 많이 한 거 같애, 그래서 제가 그때도 얼굴에 기운이 하나도 없고 그렇게 다녔던 거 같애. 왜냐면 제가 잠을 못 자니까 밤에 거기 갔다가 12시 반이 돼서, 12시 반에 집에 와서 잔다고 하면 조금 자고 아침에 애들 학교 보낼려면 일어나서 준비해야지 그렇다고 낮 시간에 있어도 낮에 잠이 안 오잖아요. 그리고 애 아빠가 하는 일 자체가 아침에 출근했다가 저녁에 오는 사람 같으면 괜찮은데, 애 아빠도 낮에 출근했다가 8시, 9시 정도 집에 들어왔다가 낮에 있다가 3시쯤 나갔다가 이렇게 하니까, 아빠가 집에 있다 보니까 제가 쉴 수가 없는 거예요. 낮에 남편이 집에 있으면 편안하게 쉬질 못하잖아, 때 되면 밥도 줘야 하고. 그러니까 제가 한 2년 정도 넘게 마트를 다니면서 그때 제가 고생을 엄청 많이 했던 거 같애.

애들한테도 그때, 우리 큰애가 그때가 한 3학년 정도 됐던 거 같애. 작은애는 2학년, 큰애는 3학년쯤? 그런데도 불구하고 제가 엄청 열심히 살았어요, 저는. 잠시도 쉬지 않고 뭐든지 돈 되는 일이면 이런 거 저런 거 가리지 않고 제가 다 했어요. 그래서 마트를 다니다 보니까 그런 게 힘들고 아이들을 제가 잘 볼 수가 없는 거예요. 그래서 제 몸도 많이 힘들고 그래서 마트를 그만두고 한 게, 광고지, 전단지를 보다 보니까 점심도 주고 아침 10시에 출근해서 5시나 6시에 퇴근한다고 되어 있는 거예요. 너무 좋잖아, 일찍 끝나고 애들도 저기 하면은 아침에 학교도 보내고 가는 거 볼 수 있고. 그래서 한번 전화를 해봤어요, 그랬더니 저기 신도시에 있는 거였는데 그때 한울이라고 건강식품 파는 회사인 거예요. 그래서 가가지고 물어보니까 기본급도 있고 판매하는 거니까 당연히 인센티브에 밥도 주고 너무 좋은 거예요. 마트 다닐 땐 안 그렇잖아요, 엄청 힘들고 막 서서 일하고 그러니까 제가 그만큼 지쳐서 몸이 약하고 힘들다 보니까, 많이 지쳐 있었고.

그러니까 전화했더니 앉아서 일하고 말만 하면 되는데, 말하는 거 충분히 말하면 되지 말 못 할 거 어딨어? 말만 하면 된대, 벙어리만 아니면 된대. 그래서 좋다고 가가지고 딱 갔어요, 가니까 오전에는 들어보라 하더라구요? 옆에서 하는 거. 그리고 이거 멘트 읽는 거 용지를 주잖아요, 딱 읽어보니까 말하는 거는 할 수 있지. 옆에서 하는 거 보니까 못 할 게 없는 거예요, 그래서 점심 딱 먹고 나서 "저도 한번 해볼게요", "할 수 있겠냐?" 그래서 제가 "할 수 있어요" 그러니까 제가 엄청 잘한 거예요. 그 일주일 동안 왜 시상을 걸잖아요, TM 사원들끼리. 그럼 그거 제가 받기도 하고.

제가 그렇게 욕심이 엄청 많은 사람인 거 같아요. 지금도 제가 그래요, 뭐를 하면 열심히 해야 하고 정말 잘해야 하는 사람인 거예요. 그러니까 완벽하다고 해야 하나, 뭐든지 완벽하게 해야 해요. 집에서 빨래를 널어도 양말을 꼭 짝을 맞춰서 같이 널어야 하고, 수건도 널더라도 방향이 있어 그런 것도 흐트러짐이 없어, 무조건 내가 정해진 대로 그걸 해야 하는 사람인 거예요, 제가. 그러다 보니까 애들이 우리 작은아이나 큰아이나 정리하고 이런 걸 잘 못해요. 공부하고 이런 건 가만히 앉아서 그런 것만 잘하지, 정리하고 지들 물건 챙기는 거 하나도 못 해, 지금 생각하니까 제가 완벽주의다 보니까 애들이 뭘 하는 게 눈에 안 차. "가만있어, 엄마가 해줄게" 그렇다고 우리 애들이 자립심이 없는 애들이라는 게 아니고, 뭘 이렇게 챙기고 자기 물건이 소중해서 어디 가서 잊어버리지 않게 챙기고 이런 걸 잘 못해요. 지금도 그게 조금 부족한 점이긴 한데 그러니까 다 제가 해주는 거야, 연필도 다 깎아주고 애들 필통 열어봐서 뭐가 안 들어 있으면 다 챙겨주고. 그러다 보니까 완벽하게 하고 잘해야 되고, 저 직장 가가지고 TM도 너무 잘한 거예요.

[그런데] 토요일 일요일 날 쉬는, TM 대부분 토요일 일요일 날 쉬거든요? 그러니까 토요일 일요일 날도 쉬대, 그래서 돈을 더 벌어야지. 그래서 제가 마트에 알바를 간 거예요, 산본 이마트에. 그런데

제가 그렇게 하기, 얼마나 제가 힘들게 이렇게 했는지를 상상을 해 보시면 토요일 일요일까지 2년 넘게, 3년은 안 됐을지라도 알바를, 제가 주말에 알바를 해서 그렇게 일을 했어요. 돈을 벌다 보니까, 제가 돈 벌 수 있는 능력이 있다는 걸 아니까 제 몸을 그렇게 혹사하면 서도 그때는 그렇게 기를 쓰고 정말 일을 했어요. 그래서 한 3년 가까이 산본 이마트까지 다니면서 마트 이런 데에서는 매출 같은 게 되게 중요하잖아요. 그러다 보니까 일을 잘하니까, 거기서 하시는 분들이 "어디서 사람 구한다" 그러면 오라고 그러는데 전 그러지 않 고 한군데에서 3년 가까이. 옥시크린을, 거기를 알게 돼서 거기서 [일을] 했는데 제가 너무 거기서도 잘했어요. 지는 거 싫어하고 난 잘 해야 하는 사람이니까 무조건 엄청 기를 쓰고 열심히 해가지고 매출 도 많이 올려주고 그러니까 제가 한 3년 가까이를 거기서 일을 했던 거 같아요. 그러고 나서는⋯. 그런데 영만이 이야기는 안 하고 왜 내 얘기만, 영만이 이야기 나중에 하는 건가요?

면담자   네, 영만이 이야기는 나중에 하겠습니다.

영만 엄마   그러면 일 이야기 했으니까 또 일 이야기를 할까요? 하다 보니까 저희 남편이 사실은 사업을 하면서 애 아빠가 주식을 했어요. 그래서 돈을 많이 까먹고 많이 벌기도 하고 그래서 그런 거 때문에 경제적인 걸, 제가 남편한테 믿음이 안 갔어요, 신뢰가 안 갔 어. 그래서 '내가 벌어야 돼' 내가 남편이 어떻게 하든 간에 내가 벌 어서 내가 하고 싶은 거 다 해야 하는 사람이었기 때문에 몸을 그렇 게 제가 혹사를 하면서 일을 했던 거고. 그래서 일을 하다 보니까 지금 얘기한 것처럼 제가 일을 잘하잖아요. 그런데 그 마트를 그만두고. 제가 지금까지 일한 걸 모두 얘길 하는 거예요. 마트를 그만두고 있다 보니까, 아까 말한 거처럼 제가 말하는 건 잘하니까 말하는 직업은 나한테 딱인 거야 일하다 보니까.

제가 몸을 많이 혹사했다 했잖아요. 좀 쉬다 보면 일을 잘하니까. TM 같은 경우는 사람들이 이직이 많아요, 여기가 페이가 그렇게, 잘하는 사람은 잘하는데 그냥 기본급 정도만 받아가는 사람들이 되게 많고 그냥 슬렁슬렁 와서 일하지, 토요일 일요일 날 다 쉬지 하니까 슬렁슬렁 하는 사람들 되게 많아요. 그런데 저는 그렇지 않았어, 어차피 일하는 건데 열심히 해서 많이 벌면 좋으니까 정말 저는 화장실 안 가려고 물도 안 먹고. 그 말을 하면서도, 제가 원래 물을 잘 안 먹는 사람이기도 하지만 화장실 가기 싫어서 거기선 더 물을 안 먹었어요. 꼼짝을 안 하고 전 딱 앉으면 일만 했어. 기를 쓰고 일하고, 내가 제일 잘해야 하니까 일을 하다가 쉬면은 제가 안달이 나서 못 견디겠는 거예요. 〈비공개〉

5
아이들의 모범적 학교생활

영만 엄마　　그러면서 더 그런 마음이 강했던 게, 내가 애들만큼은 지금 내가 이렇게 힘들게 살고 있고 그렇지만, 내가 이렇게 어렵게 살지만, 우리 애들이 밖에 나가서 너무 공부도 잘하고 하니까 누가 날 무시할 순 없잖아요. 아이들이, 엄마들이 그렇잖아, 공부 잘하는 사람이 정말 최고잖아요. 그러니까 저는 정말 학교 가가지고 선생님들한테 인사받을 정도로 선생님들한테, 선생님들이 저한테 쫓아와서 인사할 정도로 우리 애들이 그렇게 잘했으니까, 둘 다 다. 얘기 들으셨는지 모르지만 초등학교 5학년, 큰애가 6학년 이럴 때 둘 다 학기에, 1학기에 작은아이는 전교 부회장 나가고 큰아이는 전교 회장 나가고, 그래 가지고 한 학기에 두 형제가 전교 회장, 부회장을 같이 했어요. 그러니까 선생님들이 20년 교사 생활 하면서 이런 형제 처음 봤다고, 그럴 만하잖아요. 그렇게 애들이 잘했거든요? 그렇기 때문에 저는 애가 잘하니까 제가 꿀릴 게 하나도 없었어. 그냥 내가 가정 형편이 남들보다 부유하지 않다고 해서 꿀리거나, 기죽거나 그러지 않았어요. 우리 아이들이 모든 걸 다 채워주고 있었기 때문에. 그렇기 때문에 내가 삶에 있어서도 어디 늘 나가도 자신감 있게 뭐든지 열심히 할 수 있었고. 그래서 제가, 정말로 더 애틋한 거예요, 정말로 애들한테.

남들처럼 내가, 비록 열심히 벌지만 그렇다고 해서 아무리 여자가 돈을 많이 번다고 해도, 정말 제가 다른 사람들, 제가 아까 얘기한 것처럼 제가 평일에도 일하고 주말에도 알바 했다니까 다른 사람들은 대략 얼마 정도 벌었을지 알 거 아니에요. 제가 웬만한 남자보다 잘 벌었어요, 돈을. 그런데도 그게 전혀 살림이, 남자들이 벌어가지고 살림이 일어나는 것처럼 일진 않더라구요. 저도 제가 하고 싶은 게 있고 아이들에게 해주고 싶은 게 있고 하다 보니까, 제가 버는 건 다 그렇게 [소비]해서 저축이나 이런 건 생각도 못 하고 그렇게 소비를 하게 되더라구요, 그냥 그랬어요. 그러다 보니까 밖에 나가가지고도 제가 애들한테도, "내가 니들이 지지리 공부도 못하고 그러면 엄마 살고 싶지 않았을 거 같다"고, 맨날 어릴 때도 제가 그런 얘길 우리 애들한테 많이 했어요. 우리 애들이 그만큼 너무 기특하고 너무 자랑스럽고, 그렇게 지금 남편이 그렇게 경제적인 거에 그렇게 큰 보탬이[을] 하지 않았기 때문에 애들에 대한 게 미안함이 되게 많더라구요.

그래서 더 제가 애들한테 애틋했던 게, 그런 마음이 제가 마음 자체가 워낙 헌신적인 사람이에요. 그런 것들을 우리 아이들이 저의 그런 성품을 많이 닮은 거 같아요, 제가 보기엔. 사람들이 제가 엄청 까칠하게 생겼다 그러거든요, 말 붙이는 게 힘들 정도로 그렇게 생겼다 하는데 전혀 안 그래요, 제가. 엄청 마음이 여리고 사람들[이] 그렇게 되게 무르다 그러죠, 제가 되게 물러요. 맨날 돈 빌려주고 허구한 날 돈 못 받고. 그러니까[그래도] 안됐잖아요, '오죽하면 나한테 돈을 빌려달라 그럴까'. 그러면 몇십만 원이고 얼마고도 빌려주고도 못 받고, 제가 되게 무른 거거든요. 우리 아이들이 우유부단하다 그럴까, 그런 게 절 똑같이 닮았어요. 그러다 보니까 되게 온순하고 사납지가 않아요, 되게 온순해 남자애들치고 성품 자체가. 남들 이렇게 잘 배려하고 양보하고 아주 그런 건 최고예요, 정말. 어릴 때 5학년 때 선생님이 그런 소리 하시는 거 들었어요. 굉장히 매너가 좋고, 어린아이지만 아주 성품이 훌륭하다는 얘기를, 초등학교 3학년 때부터 그런 얘길 들었나 봐.

그때 어떤 일이 있었냐면은 애들이 맨날 반장, 부반장 하니까, 3학년 때 김××이란 남자애가 있었는데 학교에 그런 애들 하나씩 있잖아요, 엄청 선생님 말 안 듣고 삐뚤어진 거 같아서 말썽 부리고, 수업 시간에 산만하게 돌아다니고 집중 안 돼서, 3학년 때까진 그런 애들 있어요. 우리 큰아이 ○○ 반에 김××란 남자애가 있었는데 걔가 누구랑 짝꿍을 해도 맨날 싸우고, ○○가 맞고 와서 그런 기억이 나요. 수업 시간에도 돌아다니고 그런다고 그래서 선생님이 안 되겠으니까 애들한테 얘길 한 거예요. "얘들아", 홍×× 선생님이라고 해서 아주 좋은 선생님이에요, 연세가 많으셨는데 애기가 없으셨어. 그때 나이가 오십 얼마 그랬는데 지금은 꽤 되셨겠네. 그 선생님도 연락을 가끔 했었는데 아무튼 영만이 그렇게 되고 다 연락을 제가 안 해봐 가지고, 군포 사시는데 산본. 그래서 애가 하도 누구랑 앉아도 말썽 부리고 그러니까 선생님이 쟤 때문에 엄청 골치가 아팠던 거야. 하루는 안 되겠는지 애들 다 이렇게 앉혀놓고, "얘들아, ××가 누구랑 앉으면은 잘 지낼 수 있을까?" 그랬더니 애들이 이구동성 "이 ○○요!" 그래서 우리 아들이랑 짝꿍이 된 거야.

그리고 나서 선생님 말씀이, "○○랑 짝꿍이 되어가지고 너가 너무 많이 달라졌다"고 싸우지도 않고. 그러니까 우리 애가 뭘 어떻게 해도 받아주고 애를 잘 이렇게 [보살피고] 이것도 내면에 유유한 리더십? 이런 거라고 할 수도 있겠죠? 잘 보살피고 잘해가지고 애가, 2학기를 선생님이 걔 때문에 편안하게 보냈다는 얘기. 그리고 중학교 1학년 때도 신××란 남자 학생이 있어요. 지금도 저는 걔를, 지금도 객관적으로 제가 걔를 지금도 탐탁지 않게 생각을 해요. 왜냐면은 이런 마음먹으면은 안 되지만 좋은 친구를 이렇게 사귀었음 좋겠는데. 한번은 중학교 1학년 들어가 가지고 선생님이 우리 큰아이

46

영만 엄마 이미경

칭찬을 엄청 했어요. 그때 얘길 잠깐 하면 우리 큰아이가 공부를 굉장히 잘했다 그랬잖아요. 한뜻학원을 다녔거든요, 학원이 엄청 커요 거의 학교 수준이에요, 한 학년에 엄청 몇백 명이 돼요, 안산에서 가장 큰 학원이거든요. 안산 전 지역에서 전교 1등 하는 애들은 다 거기 있어요, 우리 아이도 전교 1, 2등을 중학교 때 놓친 적이 없거든요.

중학교 딱 들어가면서 한뜻학원에서 중학교, 초등학교 졸업할 때 편지를, 자기 다짐이나 이런 걸 편지를 쓰라고 그래서 편지를 제가 지금도 갖고 있는데, 우리가 신앙이 있었어요, 기독교 신앙을 가지고 있는데. 우리 큰아이는 남자애들이라 엄마, 아빠한테 편지 쓰고 이런 건 어색해하니까 하나님한테 편지를 쓴 거예요. "하느님, 지금까지 저를 이렇게 이끌어주시고 공부를 잘할 수 있게 지켜주셔서 감사합니다" 줄줄줄줄 쓰면서 자기 다짐을 맨 마지막에도 "제가 중학교 들어가서 제 목표가 중학교 와서 전교 1등, 중간고사에서" 입학해서 그랬나 보다. "중간고사에서 전교 1등 하는 게 제 목표입니다" 그런 편지를 써서 되게 잘 썼어요, 짧지만. 지금도 집에 있어, 너무 기특해서 제가 그걸 가끔 읽어보고 했는데 그러더니 목표를 가지고 정말 중학교 들어가자마자 정말 전교 1등을 한 거예요, 그다음부터는 놓치기 싫으니까 열심히 했고.

학원을 굉장히 좋아했어요. 한 학년이 몇백 명이 되는데 사실은 어디 학원이나 마찬가지지만, 톱클래스 애들 외에는 그다지 [신경 쓰지 않고 그렇게 서포트만 하는 거지 별로…. 물론 체계적이고 기본적인 그런 시스템이 있겠지만, 톱클래스 애들한테는 정말 투자를 많이 하고 신경을 많이 써요. 그러다 보니까 아이가 학원을 너무 좋아하고 재밌어 했어요. 한 6학년 때부터 거길 다녔나 봐, 집이 멀었는데 온 안산 시내를 차가, 한 몇십 대 될 거예요. 안 가는 데 없이 다 가니까, 여기서 반월 어디까지 다 가는 거 같애. 그러니까 우리가 사동 살았는데, 거기서 한뜻학원이 성포동에 버스터미널 있는 데 저쪽 반대쪽으로 뒤에, 예술인아파트 저 뒤쪽으로 있거든요? 월피동이구나.

　거기를 저희도 처음엔 몰랐는데 [아이들] 아빠 일하시는 분 딸이 신도시 사는데 공부를 굉장히 잘한다 하더라구요, 딸이 거길 다녔다고. 그래서 보내보라 해서 보냈는데, 사동에서 6학년 때부터 거길 보냈는데 학원을 너무 좋아하는 거예요. 선생님이 잘 챙겨주고 잘 지도해 주시고 정말 아까 톱클래스에 있으니까, 너무 잘 봐주고 하니까 학원을 너무 좋아하고 재밌어하고 잘 다녔어요. 그런데 학원도 굉장히 프로그램이 빡빡했어요. 애들을 잠시도 가만히 안 내버려 뒀어 밤 12시까지도 공부를 하고. 내 생각에 우리 아들이 지금까지 태어나서 제일 공부를 열심히 했던 게 중학교 때 한 2학년? 3학년 초 정도였던 거 같애요. 정말로 중학교 입학해 가지곤 아까 전교 1등 했다고 했잖아요. 그다음엔 안 놓치려고 주말에도, 시험 벌써 한 달 발표 나면은 한 달 전부터 주말에도 아침 10시에 나가서 밤 12시까지 공부를 하고 왔어. 사람들이 "무슨 사법고시 공부하냐?"고 할 정도로. 지금 생각하니까 우리 아이가 최고 피크로 공부를 열심히 했던 시기가 그때였던 거 같애요.

　그래서 중학교 때 아무튼 전교 1, 2등 했고 공부 잘했으니까, 나름 어릴 때부터 꿈도 있었고. 그래서 어릴 때엔 우리 큰아이가 초등학교 1학년 때부터 "미래 하버드 대학생 이○○" 이렇게 써가지고 다녔어요, 겉표지에다가. 〈비공개〉 그래서 우리 아이가 공부를 굉장히 잘하는데 엄청 일찍 철이 들었어요. 얘가 한 4살, 5살부터 어른스럽게 철이 들었고, 그때부터 아빠가 사업을 실패해서 부도나고 했으니까. 아빠가 먼저 안산에 와 있었다 그랬잖아요, 그러니까 집에 사람들 찾아오고. 우리 애가 되게 똑똑하게 말을 잘했다 그랬잖아, 그러니까 [독촉하는] 사람들 찾아와서, 우리가 아빠를 보러 안산에 자주 오고 했었으니까 그게[독촉하는 사람들 찾아오는 게] 난 걱정이 돼서 애한테 거짓말을 계속한 거야. "누가 아빠 봤냐고 하면 못 봤다고 해" 그런 말을 애가 다 들으면서 애는 머릿속에 다 그걸 알고 있어. 그러니까 애가 한 5살부터는 아주 어른스러워. 그때부터 이제까지 말썽을 부려본 적이 없어요. 너무 빨리 [철이 든 게] 전 그것도 너무 마음이 아픈 거야, 애가 너무 빨리 어른이 되어버렸다는 게. 그러다 보니까 속도 굉장히 깊고 속을 안 썩여요. 엄청 어른스럽고, 그냥 애들이 "영감 같다" 할 정도로.

그게 너무, 빨리 어른이 된 게 마음이 아픈 게 영만이는 아니었어. 영만이는 엄청 밝은 이미지에 유쾌한 아이, 우리 큰아이랑 완전히 반대. 우리 큰아이는 말도 잘 안 하고…. 큰아이 같은 경우는 외고를 다녔거든요? 그러다 보니까 중학교 되면서 벌써 나가 있었죠. 그리고 영만이는 제가 집에 항상 끼고 있어가지고, 우리 영만이는 그냥 애기같이 맨날. 저한테도 애기같이 애교 부리고 아빠가 화내도, 아빠 화내면 저는 가슴이 철렁하거든요? 그래서 우리 큰애도 좀 눈치 보고 그러는데 우리 영만이는 안 그래. 아빠 앞에서 "무섭긴 뭐가 무서워, 엄마" 그러고 혼자만 분위기 파악을 못 하는 건지 (웃으며) 굉장히 유쾌하고 아주 애교가 많고 귀여운 애였어요.

우리 큰아이가 외고 갈 때도 [큰아이의] 성적이 굉장히 좋았어요. 성적이 아마 중학교 내신으로 가장 좋지 않았을까 싶어요. 우리 큰애가 입학할 때 학교 내신, 내신이 200점 만점에 199.2였으니까. 그래서 아마 성적으론 가장 좋지 않았을까 싶어요. 그래서 우리 애가 가면서도 나름 독특한 데가 있어요, 사고방식이나 이런 게 독특하고 철학적인 거? 어릴 때 초등학교 1학년 때부터도 세계문화유산 이런 거 얘기했잖아요. 전문 서적 이런 걸 도서관에서 막 빌려 와요. 그럼 엄마들이 보고 "이거 누가 보는 책이야?" 그러면 "우리 ○○가 보는 거"라고 "이걸 애가 보냐?"고. 그런 전문 서적을 빌려 와가지고 보고 그럴 정도로, 지금 TV 같은 데 가끔 보면 '영재 발굴단'? 이런 거 나오잖아요. 이런 거 나올 때 '우리 아들도 어렸으면 저기 나갔으면 충분했겠구나' 그런 생각할 정도로. 그리고 그때, 옛날에 애들 심부름 [하는 TV 프로그램] 지금도 나오더라구요. 우리 애들 어릴 때도 애들 심부름, 몇 살짜리 심부름시키면 '아, 충분히 우리 ○○는 했었겠구나' 그럴 정도로 우리 큰애가 굉장히 똑똑했는데, 그 입학하면서부터도 □□□학과를, □□외고 □□□학과를 나왔는데. 가면서 사람들이 다 그랬죠, "왜 □□□과를 하냐, 중국이 부상한다는데" 아빠도 그랬어요.

그런데 걔는 하고 싶은 게 있는 거예요. 그런데 너무 신기하게도 가가지고 □□□에서, 애들이 많지 않으니까 과별로 이십몇 명밖에 안 되니까, 우리 [아이]반이 24명인가 했는데, 제가 지금 이렇게 24명인가 [기억하는 것도], 우리 큰애나 작은애나 초등학교 1학년 때부터 반, 선생님 이름 다 알아요, 몇 번[인지]도 알았는데 이제 잊어버렸지만. 우리 작은 영만이는 보통 19, 20번 했었는데, 몇 번은 잊어버렸지만 초등학교 몇 반, 담임선생님 누구, 중학교 때 1학년 때 선생님들 제가 다 알아요. 몇 학년 몇 반이었던 거. 우리 큰애가 [다니는 학교 반이] 24명인가 그랬는데 거기서 두 명이 외국에서 살다 오거나 이런 애들을, 특별 그런 걸로 입학하는 애들이 있거든요. 두 명이 □□□에서 7년씩 국제학교 다니다 오고 이런 애들이 있었어요. 그런데도 우리 아이가 가가지고 □□□에 자기는 딱 소신껏 지원을 해서 갔기 때문에 □□□ 지금까지 시험 봐가지고 1등급을, 24명 중에 사실 1등급 받는 게 쉽지 않거든요. 그런데 놓친 적이 없어, 한 번 2등급인가 받고 계속 1등급. 처음에 입학해 가지고 알파벳 배우듯이 그거 배워가지고. 그래서 우리 아이가 스펙이 정말, 자기가 좋아서 하니까 정말 잘하는 거예요. 그래서 작년에 영만이 그렇게 됐을 때 6월 26일 날 ≪□□일보≫에 □□□□□라는, 그런 지면에 소개되는 게 있어요. 거기에 공부 노하우? 이런 거. 거기 우리 큰아이가 ≪□□일보≫ □월 □일 날 □년도. 거기에 외고 지망하는 학생들에게 들려주는 공부 노하우를, 거기 지면에 난 적이 있어요. 그만큼 우리 큰애가 소신 있고, 자기 하고 싶은 거에 대해서 열정이 있는 그거 때문에 학교생활을 굉장히 [잘했죠].

4·16 이후 큰아이의 힘든 대학생활

영만 엄마　　[큰]애 고등학교 가가지고 너무 아쉬운 게, 영만이 사실 이렇게 되면서 본인이 정말 가고 싶은 학교를 못 갔어요. 그게 너무 아쉽고 너무 아까운 것도, 스펙이 너무 좋았어요, 사실. 아주 짱짱했어 지가 좋아서 하다 보니까 학교 동아리 활동, 대외적 활동 이런 걸 해가지고 상도 엄청 받고, □□대 같은 데에서 □□페스티발이라 그래서 백일장 문화제 같은 데 가서 거기서 상도 여러 번 받고 □□대에서 첫 번째 처음 시행한, □□무슨 협회? 여기하고 □□대하고 같이 해서 □□□ 생활 동영상 대회. 그런 게 있었는데 거기서 우리 아들이 대상 받고. 그러면서 스펙이 너무 좋아 가지고 원서 쓸 때 서울대도 쓰고 연대, 고대 몇 군데 썼는데. 한 세 군데 되고 정말 가고 싶은 서울대, 연대, 고대는 안 되고. 그래서 □□대 지금 다니고 있는데 가가지고도 처음에 이렇게 말을 잘 안 한다고 했잖아요, 안 하니까 애가 무슨 마음을 갖고 있는지 저도 사실 그때는 [몰랐어요]. 밖에선 이렇게 말을 쪼잘쪼잘 [잘] 해도 말수가 적은 편인데. 저희 영만이만, 영만이가 분위기 메이커였는데 영만이가 없다 보니까 더 그렇더라구요.

그래서 큰아이도 처음에 [대학교] 가가지고, 제가 큰아이를 너무 힘들게 했어요. 입학했는데, 어렸을 때부터 제가 이야기한 대로 큰아이가 너무 똑똑하고 굉장히 특별한 거였는데, 제가 지금까지 그걸 [욕심을] 버리지 못했다는 게 (눈물을 훔치며) 아이한텐 미안한데, 거는 기대도 굉장히 컸고, 어릴 때부터 늘 자랑스럽게 "우리 애 같은 애 서울대 안 가면 누가 가겠냐". 저는 예전에 제가 우리 영만이 잃기 전에는, 온전히 저도 이 사회에, 다른 사람이 생각하는 것처럼 명예로운 사람, 남들 보기에 번듯한 직장 같은[다니는] 사람? 그런 걸 제가 생각했던 거 같애요. 그래서 보내놓고 [대학에] 갔는데도 그게 너무 성이 안 차는 거야, 너무 화가 나고. 내 맘에 내가 만족할 만큼 애가, 내가 기대한 만큼 되지 않았다는 게. 물론 그게 인생의 다는 아니겠지만 우리 아이가 그렇게 특별하고 굉장한 아이였는데. 정말 가고 싶은 학교를 못 갔다는 게 너무 마음에 화가 나더라구요.

처음에는 애를 제가 한 두 달을 너무 힘들게 했어요, 몇 달 동안 1학기 한 학기 동안 제가 힘들게 했나 봐. "반수라도 해가지고 다시 학교를 가면 안 되겠냐"고. 그런데 그해 한 7, 8월쯤 됐던 거 같애요. '이웃'에 정혜신 박사님을 만나게 됐는데 그러기 전에 우리 아들이 5월 달 정도부터 형제들 몇몇이서 해서 다섯 명 정도 정혜신 박사님이랑 상담을 계속했었거든요. 일주일에 한 번씩 금요일마다 집에를 와가지고 그때 정혜신 박사님이 상담을 하고. 상담이 끝나고 8월 달쯤 됐던 거 같은데 [정혜신 박사님이] 절 보시더니 그런 말씀을 하시더라구요, "○○가 처음에 학교 가가지고 너무 힘들어했다"고. 내가 그런데 애를 그 마음을 헤아려주지 못한 게 너무 마음이 아픈 거예요. 학교 가서 너무 힘들어했고 자기가 세월호 유가족이란 걸 누가 알게 될까 봐, 새로운 사람 만나면 심장이 울렁울렁거리고 그래서 새로운 사람 한 명도 사귀지 못했다고. 그리고 [입학 후에] 우리 애가 굉장히 많이 말랐어요, 그런데 가가지고 밥도 못 먹고, 술을 애

53
•
1회차

가 엄청 많이 퍼먹었다고 그래서 애가 삐쩍 말랐더라구요. 그런데도 제가 거기다 대고 "학교가 성이 안 차니까 반수를 해라" 하면서 애를 너무 힘들게 했던 게, 그 말을 듣고 나니까 너무 미안하고, 너무 죄스럽고….

내가 우리 영만이를 이렇게 잃고 아직도 이 세상의 (눈물을 훔치며) 시선에, 내가 아직도 욕심을 내고 있었구나 생각이 들더라구요. 그래서 첫 학기 시험을 봤는데 애가 또 과톱을 했어요. 그런데 그 말을 들으니까, 정혜신 박사님 말씀을 들은 거 하고, 그러면 애가 그 와중에 공부를 또, 공부하는 데 이렇게 애를 쓰고 이랬구나, 그렇게 과톱 했단 얘길 들으니까 너무 마음이 아프더라구요, 공부를 되게 잘하고 있고. 2학기에도 여덟 과목인가요? 그 정도 봤는데, 다 A뿔[플러스] 받고 하나는 C뿔 받았어, 그래서 "왜 C뿔 받았냐?" 그랬더니 과제를 3시까지 내야 하는데, 우리 애가 굉장히 느려요, 좀 게으르기도 하고 여자애들처럼 계획성 있게 뭘 야무지게 못 하다 보니까 느리고, 그런데 그 전날 선배들이랑 뭘 하고서 과제를 늦게 냈더니 선생님이 괘씸해 가지고 C뿔을 주셨다나. 그래서 4.1인가 얼마 나왔어요. 그런데[그래서] 2학년 때 다시 수강을 한다고 말을 그러더니, 얼마 전엔 수강한다 그러기에 "수강했어?" 그랬더니 안 했다 그러더라구요. "엄마, 나 총점이 높으니까 다른 거 하는 거 2학년 때 열심히 한다고 안 했다"고 하더라구요. 사실은 지금도 여전히 인정하기가 쉽지는 않아요. 제가 우리 아이가 너무너무 특별하고 굉장히 영리하고 똑똑하고 평범한 아이들이랑 비교할 수 없을 만큼 그런 아이였기 때문에. 그렇지만 지금 인정하고 싶지 않지만 나름 본인이 하고 싶

어 하는 일에 공부에, 지금 하고 싶은 학문을 하고 있으니까. 열심히
잘하고 있고 어떻게 되든 간에 본인이 하고 싶은 일을 한다 그러면
그냥 응원해 줘야 하지 않을까 그런 생각을 하지만, 온전히 제가 그
렇게 썩 저기 하진 않아요, 나는 아쉬움이 참 많아요(잠시 침묵).

7
영만이와 형과의 추억

면담자   영만이도 형의 영향을 많이 자라면서 받았겠네요?

영만 엄마   그렇죠, 둘이…. 저는 애들이 초등학교 한 5학년? 이
때쯤에 저도 말만 들었지 어떻게 하는지 모르지만 닌텐도[게임기]?
이런 게 되게 유행이었어요. 그런데 우리 아이들은 한 번도 그걸 사
달라고 한 적이 없어요. 닌텐도 이런 게 필요가 없었던 게, 우리 큰
아이가 어렸을 때 뭔지 잘 모르지만 역사학자, 고고학자 된다[고 했
다가], 한때는 보드게임 개발자가 되고 싶다 그랬던 게, 보드게임을
되게 애가 좋아해서 보드게임 같은 걸 많이 사주기도 했고. 보드게
임을 어디더라? 지금 얘기하자면 청계천? 그런 광장? 그런 데에서
보드게임, 1년에 한 번씩 보드게임 대회가 있어요. 대회 겸 축제 그
런 게 있는데, 그런 거 좋아하니까 주말에 제가 그런 정보를 듣게 돼
서 데리고 가서 그런 거 하며 보내기도 하고 그랬는데.

지금 저희 집에 보드게임이 엄청 많고, 우리 아이들이 어렸을 때,
우리 큰아이가 어렸을 때부터 그 보드게임을 다 만들어가지고, 그러

니까 지금 얘기한 것처럼 세계 역사 이런 거 되게 잘 안다 했잖아요. 그러니까 세계 역사를 통한 보드게임 해가지고 그 나라의 문물 교환 하는 거, 그런 거. 집에 그런 거 만들어놓은 게 굉장히 많은데, 매뉴얼도 있고. 다 컴퓨터로 뽑아가지고 방학 숙제로, '실크로드' 아니면 '해가 지지 않는 나라' 제가 그 두 가지 제목 기억 하겠는데, 그런 것도, 보드게임도 이만하게 만들어서 보드게임 말, 칩 이런 거 다 만들고. 그거 보면 완전 신기해요, 그거 보고 사람들이 다 경악을 했는데. 우리 영만이 생일 그때 제가 가져갔는데, 완전 이만한…. 암튼, 룰이나 이런 거 다 매뉴얼이 있으니까 심심하면 그런 거 만들어서 놀고 그러니까 남들처럼 그런 비싼 게임기나 그런 걸 사달라고 해본 적이 없어요. 그렇기 때문에 제가 돈이 없어 못 사주고 이런 거에 대해서 맘 아프고 그런 고민을 별로 안 해봤던 거 같애요.

그래서 영만이도 그런데, 제가 생각하기엔 우리 영만이는 욕심은 많아요. [욕심은] 많은데 잘하지 못하는 거에 대해선 포기가 빠른 거 같은 느낌. 공부를 형이 워낙 잘했기 때문에 공부 같은 걸로 스트레스받지 않았어요. 그렇다고 "형이 너무 잘하는데, 엄마 난 못해" 이러면서 스트레스받지 않았어요. 그런데 그것이 내가 보기에는 포기였던 거 같애, 형이 너무 잘하니까 영만이는 형 발뒤꿈치도 따라가지 못할, 큰애가 워낙 잘해가지고. 그런 거에 대해 스트레스를 받다 보면은 많이 힘들었을 텐데 스트레스받지 않았어요. 그리고 형을 굉장히 자랑스러워했고, 어디 가서나 형이 굉장히 자랑스럽다고 일기 같은 데에…. 영만이 일기장에 보면 형이 굉장히 자랑스럽다란 이야기가 되게 많이 나오고, "형이 전교 1등 했다 이런 것도 사람들에게 알려야겠다" 이런 일기 그런 거 봤을 때, 형이 잘하는 거에 대해서 자랑스러워하면서 형을 되게 좋아했고 그랬던 거 같애요. 그런데 질 수 없는 건, 지가 잘하는 건 지가 이겨야지. 지가 잘한다고 생각하는 거.

우리 영만이는 운동을 굉장히 잘했어요. 영만이가 운동을 너무 잘하니까, 달리기를. 그리고 우리는 사동 살 때, 지금 생각하니까 초등학교 때가 아이들과의 추억이 가장 많은 거 같애. 중학교 정도 되면, 애들이 중학교 땐 학교 파하는 시간이나 이런 것들이 늦게 끝나고 하니까 아이와 같이 나누는 시간이 많지 않잖아요. 그런데 초등학교 땐 많은 시간들이 있고 방학 때도 있고 하다 보니까 초등학교 때가 가장 많이, 아빠랑도 가장 많은 시간들[을 보냈어요], 우리 애 아빠가 굉장히 운동을 좋아하는 사람이거든요. 그래서 우리가 주말만 되면 매일 수안봉을 갔어요. 저기 수리산 저쪽 뒤편에 있는 수안봉 있거든요. 주말만 되면 거기 가는 거야. 애들이 가기 싫어하는데도 애들 질질 끌고 가는 거야, 애들이 가기 싫어 가지고 죽으려고 해. 아빠가 맨날 끌고 가니까 안 갈 수 없는 거야 매일 가는 거예요, 거긴. 주말마다 거기 가고. 영만이도 운동을 잘하니까 산을 너무너무 잘 타. 나랑 큰애가 제일 게을러 가지고, 느려 가지고 둘이 맨날 뒤에서 쫓아갔는데 그러면 영만이는 저어만큼 갔다가 내가 헉헉거리고 있으면 나 데리러 쪼르르 뛰어와서 나 데리러 가고. 가방, 배낭 같은 거 지금도 영만이랑 나랑 수안봉에서 찍은 사진 있는데 그거 보면 눈에 선한 게 이렇게 아빠가 가방을 메야 하잖아, 근데 아빠가 맨날 영만이한테 가방을 메다 주는 거야. 그러면 그걸 영만이는 좋다고 메고, 힘들어하지도 않고 그거 메고 가고. 그러니까 초등학교 때 아이와 그런 시간들이, 같이 놀았던 시간들이 참 많고.

아까 얘기한 것처럼 제가 애들 보여주고 견학하고 하는 게 아이들한테 교육적으로 그런 게 가장, [실제로 좋은지는] 모르지만, 아무튼 그게 교육적으로 많은 좋은 영향이 있을 거라 생각해서 여름방학만 되면, 지금도 그것도 다 있어요. 저희 이모님이 서울 사시는데 서울 가는 거예요, 애들 데리고. 2박 3일, 3박 4일 일정으로 애들을 데리고 가가지고 박물관을 다 견학을 하는 거예요. 계획을 해서 오늘은 여기 여기, 하루에 한 대여섯 개 박물관 다니는 거야. 그렇게 해서 웬만한 박물관은 서울에 안 가본 데가 없어요, 애들이 초등학교 때. 그래 가지고 박물관 견학 일지처럼 해가지고 이만한 전지 색지에다가 사진 다 붙이고 여긴 어디 어디, 어떤 어떤 설명 이런 거 해가지고 여름방학 숙제로 초등학교 3, 4학년 정도까진 그걸 해가지고 간 거 같애. 그게 지금까지도 집에 있어요. 그래서 애들이 왜 아까 얘기한 세계적인 유산 문물 이런 거 되게 좋아하니까 장신구 박물관 가면 또 신기한 게 많잖아요. 티벳[티베트] 박물관, 애들이 제일 좋아했던 게 티벳 박물관. 거긴 종로 뒤편에 있는데 크지 않아요, 쬐끔해. 작은데 아마 개인 박물관인지 굉장히 다양한 물건들이 되게 많아요. 티벳 박물관은 여러 번 갔던 거 같애, 한 서너 번 정도. 거기 가서 그런 거 보면 너무 신기해하는 거야, 지들이 책에서 봤던 거 그런 거 보니까 신기해하고. 그래서 어릴 때도 애들이 좀 박식했었어. 세계 국기, 우리 영만이도 중학교 1학년 들어가 가지고 국기를 나라나 이런 거에 대해 배우면서, 아, 고등학교 1학년 때였나 보다. 국기, 나라

58

영만 엄마 이미경

맞추기 해가지고 "엄마 내가 1등 했다"고 그러니까, 애들이 그런 걸 굉장히 잘 알았어요.

영만이도 그래서 형아에 대한 영향을 많이 받았고 애들이 노는 게 그냥 범상치 않았어요. 그냥 평범한 놀이를 하지 않았어. 집에서도 여기 사진 보면 완전히 빵 터지는데, 애들이 막 정말로 실감 있게 놀아요. 실감 나게 아이들이 분장을 하고 여기다가 나뭇잎 딱 꽂고 창 들고 빤스만 입고 창을 들고 있고, 완전히 생생한. 놀이를 해도 그렇게 놀아. 그리고 『지하탐험』이라는 삼성문고라 해야 하나, 거기서 나온 책 중에 『지하탐험』이란 책이 있었거든요. 그 책을 나달나달, 이렇게 두꺼운데 그걸 나달나달하게 우리 큰애는 그렇게 읽었어요. 그래서 탐정놀이 그런 걸 되게 좋아하고 주말에도 초등학교 저학년, 주말에도 교회 친구 이런 애들 데리고 그런 걸 잘 하니까 애들이 리더, 딱 대장이 돼가지고 "야, 우리 어디 가자" 해서 애들을 거기, 거기는 지금은 거기가 사리역인가 뭐가 들어온다 하더라구요, 사동에? 그래서 거기에, 아주 옛날엔 거기가 기찻길이었었대, 거기 보면은 물도 있고 개울처럼 있는데 거기 가가지고, 이상한 것들 땅바닥에 쳐다보면 많지. 애들은 나무며 돌멩이며 다 신기해하니까 그런 거 보면서 주말엔 돌아다니며 놀고. 방학 동안엔 지금도 가까이 지내는 엄마들이 있는데, 방학 때 되면은 저녁만 먹으면 한 7, 8시 되면은 거기 감골운동장에 다 모이는 거야, 엄마하고 애들하고. 그래서 거기서 매일 배드민턴 치고 애들은 놀고 여름방학 때 매일 그랬고.

주말 되면 지네 아빠가 운동한답시고 애를 거길 운동장에 끌고 나가가지고, 우리 영만이가 달리기를 잘하니까 달리기 내기를 맨날 시키는 거야, 지 형이랑. 그러니까 영만이가 욕심이 되게 많아, 지가 잘하는 건 지가 이겨야 하니까. 만약 달리기 하다가 지가 조금 [어렵게] 돼가지고 지게 생겼다 그러면 앉아서 "아, 나 안 한다"고 주저앉아 가지고, 거기 주저앉아 가지고 아프다고 핑계 대고 꾀부리고. 그런 건 형아를 지가 이겨야 돼 그런 거, 꾀를 부려가지고. 그리고 집에서 보드게임 할 때도 보면 꾀가 많아. 우리 영만이는 꾀가 되게 많고 능글능글한 아주 그런 스타일이었어요. 가위바위보를 해도 어떻게 하든지 이기는 거야. 이렇게 하면서 (잽싸게 손가락을 바꾸면서) 씨익 하면서, 가위바위보도 그렇게 해서 이기고. 뭘 하면서 게임 같은 거 하면은 분명 우리 큰애가 훨씬 영리하고 그 룰이나 이런 걸 잘 알아, 그래서 우리 큰애가 이길 거 같은데 우리 영만이가 이겨. 그럼 무슨 꾀를 꼭 쓰는 거 같아요, 그래서 영만이가 [이기고]. 그래서 그 둘 형제가 늘 집에서 그렇게 앉아서 책 보고 그렇게 보드게임 이런 거 지들이 만든 거 가지고, 지들이 만들었으니까 더 재미있잖아 룰이나 이런 게. 그런 거 가지고 그냥 놀고. 다른 애들처럼 닌텐도, 옛날엔 그거 뭐야 TV랑 연결해서 영화 보고 한다는 거 그런 것도 알지도 못하겠어요. 그런 것도 애들은 사달라고 조르기도 하고 그런다는데 우리 애들은 그런 걸로 조르거나 그래 본 적이 없어요. 그래서 아무튼 어릴 때 그런 추억들이 아주 많고. 우리 영만이는, 우리 영만이 얘길 하려고 하면은….

면담자　　　시간이 꽤 지났네요. 영만이 얘기는 다음 구술에서 이어 듣겠습니다. 감사합니다.

2회차

2016년 3월 21일

1 시작 인사말

2 수학여행 준비와 출발 날

3 사고 소식을 듣고 난 후, 진도로 이동

4 팽목항, 진도체육관에서의 일들

5 아이를 찾던 날

6 아이의 장례 절차, 그 과정에서의 감정들

1
시작 인사말

면담자　　　　본 구술증언은 4·16 사건에 대한 참여자들의 경험과 기억을 기록으로 남김으로써 이후 진상 규명 및 역사 기술에 기여하고자 합니다. 지금부터 이미경 씨의 증언을 시작하겠습니다. 오늘은 2016년 3월 21일이며, 장소는 안산시 단원구 글로벌다문화센터입니다. 면담자는 이영롱이며, 촬영자는 김솔입니다.

2
수학여행 준비와 출발 날

면담자　　　　어머님께서는 수학여행 출발 전에 수학여행에 대해 어느 정도까지 알고 계셨나요?

영만 엄마　　　출발하기 전에 학교에서 지시 사항이나 이런 거요? 아니면….

면담자　　　　수학여행에 뭘 타고 가는지, 어디로 가는지 이런 것들이요.

영만 엄마　　　그런 거는 구체적으로 잘 [모르고], 그냥 학교에서 결정하고, 결정했다기보다 아마 아이들한테 설문, 미리 조사가 통신문이 왔던 거 같은데, 그냥 그거 가지고 그렇게 염려하고 그러진 않았는데, 가기 전에 한 며칠 정도 전에 일요일 저녁이었나? 그랬던 거 같은데, 밥을 먹으면서 영만이가, 사실은 그냥 통신문 저기 하고 돈 내라고 하니까 '계좌이체 어차피 하고 하니까 나가는가 보다'라고 했지 비행기를 타고 가는지 배를 타고 가는지 이런 건 생각을 못 했거든요. 그런데 가기 전에 일요일 저녁쯤인 거 같애, 밥을 먹는데 영만이한테 "엄마, 배 타고 간다"는 이야기를 들은 거예요, 사실은 배 타고 간단 이야기를, 배를 타고 간다고. 가든 오든, 그날 배를 타고 가면, 제 생각은 밤에 배를 타고 그다음 날 아침부터 여행 일정이 시작이 되는데, "배를 타고 가면 그다음 날 애들이 아침에 도착해서 어떻게 여행을, 하루 여행을 [제대로] 하겠니" 그러면서, "차라리 그럼 올 때 배를 타든지 해야지 왜 갈 때 배를 타냐?"고, "학교에서도 결정하는 것도 그렇게 결정을 했냐?"고 그렇게만 얘기를 했죠.

그리고 그다음 날 통신문이나 이런 거는 그냥 아이한테 이야기 듣고, 통신문 같은 건 받아보지 않았고, 아마 아이들이 싸인을 해서 냈는지. 결정하는 거에 있어서 지금까지 수학여행을 간다고 하더라도 이렇게 큰 이런 거를[사고] 생각을 안 했기 때문에 걱정도 안 했고. 그냥 어떻게 결정되든 잘 그냥 갔다 올 거란 생각에 아무런 그런 생각이 없었어요. 그런데 가는 날 저는 그 배를 탄다는 거에 대해서는 조금 그랬어요. 아빠랑 밥을 먹으면서 얘기를 한 게, 그렇게 얘길 했거든요. 그리고 가는 날도, 가던 날은 영만이가, 지난번에 얘길 했나 모르겠네, [출발 전날] 늦게 와가지고 아무것도 준비도 못 해주고 밤에 늦게 짐을 늦게까지 싸고. 12시 가까이 되어가지고 근처에 슈퍼에 가서 음료랑 이런 걸 같이 나가서 사가지고 오고 그렇게 해서 '여행 가서 조심해, 이렇게 놀아 저렇게 놀아' 이런 얘기도 별로 못

한 거 같아요. 그러고서 그냥 아침에 [보내고], 밤에 그렇게 해서 한 12시 반 정도 잠이 든 거 같은데 늦게 자서 내가 피곤하다고, 내가 아들보고도 빨리 자라고 그러면서 한 게 12시 반이었던 거. 준비하고 가방, 캐리어랑 이런 거 준비해서 다 싸고 하다 보니까 아무튼 시간이 많이 늦었어요.

그래서 전날도 아이가 그날 학교에서도 워낙 늦게 왔고, 제가 많이 기다렸는데 애가 너무 늦게 와가지고 제대로 여행에 필요한 다른 애들처럼 옷을 사거나 먹는 거라도 지가 먹고 싶은 거를 제대로 쇼핑을 [못 했고] 마트나 이런 데 가서 준비를 할 시간이 없었어요, 아이가 되게 늦게 들어와서. 보통 학원 가서 집에 들어오는 시간이 10시 반인데 그날도 똑같이, 자기 얘기로는 아마 지 생각이었겠지, 수학여행 간다고 하니까 학원 선생님이 아마 배려를 해서 그날은 일찍 끝내주지 않겠나 생각을 한 거예요, 얘가. 그래서 저보고 그러기에, 토요일이나 일요일 날도 계속 약속을 했지만, 얘가 교회 갔다가 오고 뭐 하고 하면서 일찍 집엘 못 들어와 가지고 저랑 그런 약속을 했지만 자꾸 약속을 이행을 못 한 거야. 그래서 그날도, 월요일 날도 지 말로는 "엄마 아마 6시쯤 선생님이 끝낼 수도 있다"고 "그러면 엄마랑 같이 마트에 가서 필요한 거를 장만을 하자"라고 얘길 했는데, 제가 그래서 사무실에서 한 8시 반 이렇게 될 때까지 기다렸는데 전화가 연락이 안 오더라구요. 그래서 그냥 퇴근을 하고 집에 오니까 애가 10시 30분에, 본래 학원에서 오는 그 시간에 그대로 온 거예요.

그러다 보니까 아무것도 준비를 못 해가지고. 그리고 밥 먹고 뭐하고 다 하고 나서 가기 전에 가까운 슈퍼에 가가지고, 집 앞에. 먹고 싶다는 과자랑 초콜릿, 음료수 이런 건 사가지고 집에 와서 가방을 싸고 나니까 한 12시 반 정도 됐어요. 그래서 그 시간에도 친구한테 페이스북으로 계속 집에 보드게임이 되게 많은데 보드게임이랑 가져간다고 약속을 했나 봐. 페이스북으로 이걸 가져가니 저걸 가져가니, 사진을 보드게임 박스에 있는 그림 이걸 막 올리고 그러기에 내가 "피곤하니까 빨리 자라"고 그래 가지고 그러고 그냥 잤어요, 아무 얘기도 안 하고. 그러고 아침에도 여전히 피곤하니까, 맨날 피곤하니까 아침에도 한 7시쯤 일어났나 봐. 보통 7시 반에 집에서 나가야 하는데 그래서 헐레벌떡 막 준비를 하고, 제 기억에 제가 얘가 밥을 먹였는지 못 먹였는지도 기억이 안 나고.

영만이 갈 때쯤에 대해서 생각하면 되게 미안한 게 큰아이가, 우리가 큰아이가 그때 고3이었었기 때문에 나름 공부도 엄청 잘하고, 그래서 기대도 엄청 많고. 걔한테 뒷바라지나 이런 걸 엄청 정말 애쓰면서 최선을 다하면서 한다고, 고3 엄마라고. [큰아이가] 고3 되면서 제가 정말로 그렇게 열심히 다니지도 않았던 교회를 새벽기도 한다고 1월 달인가부터 새벽기도를 제가 계속 나갔어요. [교회] 나가느라고 우리 영만이는 학교 입학하고 나서 아침에, 제가 직장 다니고 매일 늦게 오고 아침에 일찍 일어나서 애 챙기고 하는 게, 영만이를 챙기는 걸 소홀했던 거 같애. 소홀하고 싶어서 소홀한 건 아니지만 새벽기도 하고, 아침에 4시 반에 일어나서 갔다가 집에 오면 6시 되니까 6시 들어와 가지고는 피곤하니까 애 일어나기 전까지는 잔다고 자고. 애 일어나면 일어나서 밥 챙겨주고 하는데, 그 시간도 엄청 아무튼 몸이 고단하고 그래서 애 밥을 잘 못 챙겨줬던 거 같애요. 밥을 그냥 어떨 때는 이렇게 계란볶음밥, 그래도 그걸 되게 좋아하고 잘 [먹고] 좋아했어요, 계란볶음밥. 맨날 힘들 때 반찬 없으면 계란볶음밥 그렇게 해가지고 주고. 그래서 그때 영만이 보내기 전에, 그해에 제가 새벽기도 다닌다고 애를 잘 못 챙겨줬던 게 엄청 미안한 거예요, 이렇게 보내고 나니까(울음). 그래서 그날도 여전히 제가 새벽기도를 갔던 거 같애. 갔다가 와서 영만이 깨워가지고 밥을 뭐 멕였는지 기억이 안 나지만 아침을 대충 해서 먹이고 그러고 보냈죠. 그래서 그냥 학교에서 그렇게 어떤 공문이나 학교에서 학부모들한테 보내오는 통신문이나 이런 거를 제가 이렇게 꼼꼼하게 챙기지 못했던 것도 지금 생각하니까 그런 것도 후회가 되고 아무튼 그러네.

3
사고 소식을 듣고 난 후, 진도로 이동

면담자   16일 오전 세월호에 사고가 났다는 소식을 처음 들으셨을 때부터 진도에 내려가시기까지 상황을 생각나시는 대로 자세히 말씀해 주시겠어요?

영만 엄마   제가 그때 아침에, 좀 자유롭게 제가 일을 하고 사무실을 신도시에서 운영을 하고 있어서, 출퇴근에 그렇게 구애를 받거나 그러진 않고 자유롭게 출근하고 퇴근하고 하는데. 그때는 제가 새롭게, 영만이가 이렇게 되기 전에 2주 정도 전에 새로운 거래처하고 일을 하게 돼서 엄청 바빴어요. 그래서 그 전에는 보통 제가 출근을 10시 반 정도에 출근을 해가지고 늦게까지 하면, 아이들이 어차피 다 늦게 오고 하니까, 사무실에서 편하게 혼자 [일을] 하다 보니까 퇴근하는 건 그냥 제 맘대로, 일찍 가고 싶으면 일찍 가고. 그러나 대부분 사무실에서 거의 늦게, 8시쯤 보통 퇴근을 하거나 7시 퇴근을 하거나 그랬는데. 그때는 아무튼 2주 전쯤 됐던 거 같애, 새로운 업체랑 일을 하게 됐는데 굉장히 바빴어요, 그 일이. 아침에 하루 종일 바쁘고, 제가 상담하는 역할을 했는데 엄청 바빴어요. 그 일을 아침에 해서, 출근을 아침에, 그 일을 하면서부터 일찍 제가 출근을 했어요.

9시 정도까지 제가 출근을 했는데, 9시 출근을 해가지고 컴퓨터에 앉자마자 그 일을 한두 건 정도 제가 상담을 하고 그러고 있는데 우리 큰아이 친구 엄마한테 전화가 왔어요. 저는 9시 출근해서 그게 워낙, 아침에 출근하면은 다른 회사들은 워낙 아침에 시작을 하잖아요, 업무를 9시[에]. 그동안 저 혼자, 저는 자유롭게 출퇴근을 했지만 그 일을 맡으면서부터는 업체에 맞출 수밖에 없어서 일찍 출근을 했는데, 출근해 가지고 컴퓨터에 앉고 그렇게 했는데 한 두 건 정도 상담을 끝낸 거 같은데, 아는 엄마, 우리 큰아이 친구 엄마가 전화를 해가지고 "혹시 영만이가 단원고 다니지 않냐?"고 그래서 "어, 그렇다" 했더니 큰일 났다고 "지금 뉴스에 보니까 단원고, 수학여행 가던 배가 침몰하고 있다고 그런다" 그러니까 나보고 "빨리 인터넷 뉴스 보라"고 그러더라구요? 그래두 저는 그렇게 놀라거나, 당연히 놀래긴 했지만 침몰한다는 이야기가 아니라 배가 그렇게 됐다는 이야기에 그냥 심각하다고 저는 생각을 안 했어요, 그냥 그러면서 상담하던 걸 마감을 하면서.

제가 인터넷 뉴스를 다 차분하게 읽어보지 않고, 제 생각엔 그냥 '그렇게 큰 별일이 있겠어?'라는 그런 생각을 했던 거 같애요. 그러고 나서 그냥 인터넷 뉴스를 봤나? 그러니까 거기 헤드라인이, 네이버에 헤드라인 거기에 올라와 있는 그거를 보니까 어, '배가 침몰 중'이라고 그러는데 조금 있으니까 9시, 그러고 나서 또 [애] 아빠한테 전화가 오는데 아빠는 목소리가 흥분이 됐더라구요. "영만이가 타고 간 배가 큰일 났다"고 "배가 침몰한다"고, 그래 가지고 저도 그때부터 가슴이 막 쿵쾅쿵쾅 대더라구요. 그래서 그쪽에다가 전화를 "오늘 제가 일을 못 할 거 같다, 그러니까 더 이상 일을 이제 업무를 보내시지 마시라"고 그러고 나서는 하던 일을 다 마무리하고, 그러니까 많이 그렇게 이런 상황을 전혀 예상을 못 한 거죠? 그리고 하던 일을 마무리하고 학교도 되게 늦게 갔는데 그러다가 있다 보니까, 아빠 통화하고 조금 있으니까 9시, 기억이 9시 30분 이전인 거 같애요. 그때 단원고등학교, 그 엄마랑 통화를 하고 [애] 아빠랑 통화를 하고 있다가 온 문자가 단원고등학교[에서 온 문자에] "배가 좀 이상이 있는데 아이들이 다 구명조끼를, 아이들에게 다 입혔고, 아이들을 우선적으로 구조를 하고 있습니다"라고 문자가 왔어요. 그래서 '어, 그런가 보다' 하고 있었죠?

그러고 나서, 조금 지나고 나서 제 생각엔 10시쯤 됐을까? 그러니까 제가 일을 다 마무리하고 여기저기에다가 "우리 아이가 수학여행 가던 배가 이렇게 됐다", "제가 일을 업무를 더 이상 못 보겠습니다"라는 거를 함께 일하던 사람들한테 이렇게 이렇게 알리면서, 제가 하던 일을 마무리하고서 시간이 꽤 된 거 같애요. 한 10시쯤 됐을 거 같은데? 그런데 그 전에 그렇게 한 번에, 제 기억으론 그래요, 문자가 한 번 왔었고. 그리고 나서 그렇게 문자가 왔나 보다. "전원 구조"라는 문자를 몇 시에 받았는지 기억이 안 나지만 아무튼 그 문자를 받았는데 그건 시간이 기억이 잘 안 나요. 전원 구조로, "학생들 모두 전원 구조했다"는 문자를 받았는데 기억이 안 나요. 그게 10시쯤인지 학교 가기 전에 그 문자를 받았는지 학교 가서 받았는지, 학교 가서 받은 건 아닌 거 같애. 학교 가서 우왕좌왕을 계속하면서 내가 우리 영만이한테 전화를 막 전화를 하고 문자를 보내고 그랬었는데, 그때 받은 거 같진 않고요. 제가 사무실 있을 때 받은 거 같으니까 아마 10시 전에 받았지 않았을까 싶어요.

그래서 학교로 갔는데, 그때, 간 시간이 한 10시가 넘은 거 같아요. 가니까, 그 2층에 강당에 올라가니까 이미 사람들이 많은 사람들이 와 있었고, 그 이전에 이미 많은 사람들이 와서, 저희가 늦게 갔으니까 10시 넘어서 갔으니까 좀 늦게 갔죠? 그러니까 이미 전에 많은 상황들이 있었는가 봐요. 저는 나중에 그걸 사람들한테 들은 얘기지만, 그런 일이 있었다는 건 나중에 들은 거지만, 그 전에 상황들은 몰랐는데 그 전에 이미 많은 상황들이 있었더라구요. 저는 가니까, 이미 앞에서 누가 막 이렇게 난리 치고 이러는 거는 거의 못 봤고. 그러면서도 그때 제 생각은 그렇게 이렇게까지 이런 일일 거라고 저언혀 생각을 못 했어요. 물론 마음은 막 불안하고 마음이 초조하고 했지만 그래서 저는 어디에, 제가 YTN인지 어디 인터뷰를 했는데 그 인터뷰도 그냥 여유롭게, 제가 인터뷰를 해준 기억이 나요. 편안하게라는 건 아니지만 그 구조 상황에 대해서 "그쪽에서 구조가 된 상황이나 이런 거를 제대로, 왜 이렇게 제대로 전달을 왜 안해주느냐?", 그쪽에서의 상황들을 구체적으로 조직적으로 계획성 있게 이렇게 하는 게, "누가 구조가 됐고 생존이 됐고 그런 상황들을, 왜 그런 걸 제대로 안 해주느냐?"라는 거를, 그거를 제가 그런 인터뷰를 한 기억이 나거든요.

그거는 한참 뒤에, 그렇게 오전이 아니라 출발하기 전에 버스를 학교에서 대절해서, 엄마들이 아우성치고 하니까 버스를 대절했는데 그때쯤 그 인터뷰를 했고, 가기 전에 했던 인터뷰였던 거 같애요. 그리고 학교에선 그렇게 하다 보니까 사람들이 우왕좌왕하고 난리가 났어요. 그러고 보니까 기자들이 엄청 많이 학교에 와 있고, 그리고 제가 교문에서 올라와서 현관, 1층 현관 밑에서 제가 거기에서 저희 교회 목사님이 오셔가지고 얘기하고 있고 서 있고 그러는데 동생이 전화가 온 거예요. 서울에 있는 이종사촌 동생이 전화가 와가지고 "언니, 언니 무슨 일이 있냐?", "지금 언니 지금 뉴스에 나오는데" 그 학교 상황이 뉴스나 이런 데 나가면서 그걸 알게 된 거. 그때도 저는 그냥 별일 없을 거라고 그렇게 편안하게 통화를, 동생도 안심시키면서 통화를 그렇게 하고, 그냥 그랬어요. 그래서 저는 그렇게, 아이들이 그렇게 될 거라고 전혀 정말 0.00001프로도 생각을 안 했거든요. 그러고 나서 나중에 "출발을 한다, 어쩐다" 우왕좌왕을 하는데, "차를 대절을 해라, 어쩌라" 그랬죠.

그래 가지고 차를 대절한다고 하는데 거기 건물에, 강당 안에서 나오기 전에 이렇게 보니까 강당 안에 왼쪽 벽에 지금처럼 [구술 장소

와] 상황이 똑같애요. 왼쪽 벽에 이렇게 들어오고, 이렇게 똑같애요. 왼쪽 벽에 생존자 명단이 이렇게 붙어 있더라구요? 거기에 보니까 우리 아이 이름이 없어, 그러니까 생존자 명단 안에 [영만이] 이름이 없는데, 거기 있던 생존자가 지금 생각해 보니까, 거기에 한 칠십몇 명 정도 있던 그 생존자가 진도에 내려가면서는 그 상황이 바뀌지 않을까 하는 기대를 하면서 갔으니까. 가면은 바뀌어 있을 거라고 생각을 했는데 거기 있던 생존자 명단이 그대로 지금 현재 생존자인 거예요. 그러다 보니까 언론이나 이런 것도 거짓말을 했다는 게, 계속 부모들을 안심시키면서 거짓말을 했다는 게 이제 밝혀진 거잖아요. 생존자 명단이 이미 [나온 게] 12시 전이었는데도 불구하고, 생존자 명단이 거기[진도체육관에도 12시 때와 변한 거 없이 똑같이] 딱 그렇게 떠 있었던, 명단이.

저희가 대절한 그 버스를, 제가 두 번째 버스를 타고 간 거 같아요. 첫 번째 버스를, 제가 학교 앞 현관 앞에서 우왕좌왕하다가 첫 번째 대절된 버스는 못 타고 교문 밑에 내려가 가지고 두 번째 버스를 탔어요. 그때도 목사님이 오셔가지고 "차라리 그럼 목사님 차로 가자" 어쩌자 그러시는데 아니라 그러고 "그냥 이 버스를 타고 가겠다" 그때는 엄마들이 아는 사람이 없으니까 우리 8반에 영만이가 중학교 때부터 친했던 절친인 친구 애가 있어요, 재영이라고. 김재영이라고 그 엄마가 왔더라구요. 그래서 그 엄마랑 같이 있으면서 그 엄마랑 같이 두 번째 차를 타게 됐어요, 그 엄마도 직장 나가니까 직장에서 왔나 봐. 그래서 두 번째 차 버스를 타고 한 1시쯤에 출발한 거 같아요. 첫 번째 버스는 12시에 나가고 두 번째 버스는 더 있다가 나갔으니까. 그런데 그 첫 번째 버스도 나중에 얘길 들어보니까 먼저 출발했는데도 불구하고 바로 진도로 간 것이 아니라, 왜 그랬는지는 모르겠어요. 안산예술의전당이라고 학교에서 불과 한 몇 분? 차로 불과 한 10분도 안 걸릴 거예요. 거기 예술의전당 있는 데에서 두 번째 차가 오기를, 출발하지 않고 기다렸다고 하더라구요. 그렇게 해서 같이 출발을 하게 된 거 같아요. 그래서 먼저 탄 사람들도 어차피 그 시간에 같이 출발을 하게 됐고. 그러다 보니까 진도가 여기서 그렇게 먼 줄 몰랐어요.

가는데, 가면서도 저희는 뉴스를 계속, TV 그 버스에서 계속 뉴스를 틀어주셨거든요, 그걸 보면서 가면서 계속 마음이 불안을 하면서도. 그리고 그 뉴스에서 계속 나오더라구요. 현재 생존자 아이들이 몇 명이라는 건 이미 됐지만[알았지만] 이미 그 실종, 실종자라고 나왔잖아요. 실종자 숫자가 계속 바뀌었잖아요, 계속 바뀌면서 왔는데 제 기억에는, 가면서 그런 생각을 했어요. '100명 정도가 구조가 안 됐고 나머지는 다 구조된 숫자'라고 그렇게, '172명인가 뭔가가 생존했고 나머지는 실종자'라고, 실종자 숫자가 막 나오면서도 저는 그렇게 생각을 했어요. 우리 영만이가 운동도 굉장히 잘하고 굉장히 날렵하고 그랬기 때문에, 생각에 마음속으로 그런 생각을 했어요. 이 100명이[라는] 실종자라는 그 숫자가 나왔을 때, 100명이란 숫자가 나왔을 때 설마 그 100명 안에 영만이가 있을까? 저는 그때 우리 영만이가 지금 말한 것처럼 굉장히 날렵하고 운동도 너무 잘하고 민첩하고 그러니까 어떻게 해서든 탈출을 했겠다, 그렇게 저는 기대를 하고 있었거든요. 그래서 전혀 그렇게 영만이가 그렇게 될 거라곤 생각을 안 했죠.

그랬는데 가다가 보니까, 기억에 2시 몇 분쯤 된 거 같아요. 2시 몇 분에서 3시 사이인데 첫 번째 사망자가 나온 거예요. 정차웅이란 학생이 첫 번째 사망자라고 딱 나왔어요. 그래 가지고는 그때부터는 이제 막 마음이 불안한데 그때 아까 얘기한, 그때 생각한 건 첫 번째 사망자가 나온 이후에 얘기다 보니까. 마음이 막 불안하면서 그런 생각이 들더라구. '아, 우리 아이가 그렇게 되진 않았겠지' 그러고서 첫 번째 사망자 아이가 나오면서 '어, 내 아이가 아니었으면…. 지금부터 나오는 명단에는 내 아이가 없었으면 좋겠다'란 기대를 계속한 거죠. 왜냐면은 우리 아이들이 다 살아 있을 거라고 당연히 생각을 했기 때문에 사망자 소식이 처음에 들려왔을 땐, "그 사망자 소식엔 우리 애 소식은 없었으면 좋겠다, 우리 영만이는 안 나왔으면 좋겠다"란 기대를 하면서 가는데, 계속 그 숫자가 뒤죽박죽 계속 바뀌는 거예요. 실종자가 몇 명이었다가, 또 처음에는 아까 얘기한 것처럼 "전원 다 구조했다" 그랬다가, 또 "몇 명 실종자가 몇 명이 나왔다"고 했다가 그러면서 사망자가 하나씩 하나씩 나왔죠.

그렇게 해가지고 진도를 가면서 여러 가지 마음이 정말로 복잡하고 불안하고 그런 마음으로 가가지고 보니까, 진도체육관에 가니까 이미 우리 가족들이 아닌 다른 언론이든 기자들이나 인근에 어떤 사람들이나 이런 사람들이 벌써 체육관에 어마어마하게 와 있더라구요. 딱 가서 보니까 저런 보드, 보드판이 체육관 정문 앞에 딱 세워져 있는데 거기에서 명단을 보니까 명단에 없는 거예요, 영만이가. 아까 얘기한 것처럼 학교에서 보았던 명단이 거기 그대로 있더

영만 엄마 이미경

라구요. 그래서 그 명단을 보고서는 그제 딱 돌아서는데, 어떤 아이들이 이렇게 반팔을 입은 애가 엄마랑 그 명단을 들여다보면서, 제가 이렇게 들여다보는데 "엄마, 여기 내 이름 있잖아, 있잖아" 하면서 살아 돌아온 거에 대한 기쁨이었겠지. "엄마, 내 이름 여기 있다"고 그러면서 엄마랑 둘이 얘길 하더라구요. 그래서 걔를 붙잡고, 우리 영만이 명단이 이름이 없으니까 내가 걔를 붙잡고 "너 몇 반이니?" 이랬더니 걔가 6반이라 그래요. "이름이 뭐냐?" 그러니까 양 뭐라고 했는데 이름이 기억이 안 나, 양 누구라고 그래서 그러냐고, 그래서 그 아이한테는 그러고 돌아서 가지고서는 쫌 있다 또 보니까, 걔가 하얀 거에다 무슨 그림 같은 게 있는 반팔 티셔츠를 입었는데 돌아서서 오다 보니까 어떤 애가 똑같은 옷을 입고 있어요.

그래서 걔를 또 붙잡았어요. "너 몇 반이야?" 하니까 걔 또 6반이래요. "너, 그러면은 혹시 영만이, 영만이 알아?" 그랬더니 안대요. "그래서 우리 영만이 혹시 마지막에 봤니?" 그랬더니 잘 생각이 안 난대요. 그래서 "영만이 혹시 어딨었던 거 같애?" 그랬더니 "모르겠어요, 영만이 아마 방에 있었었나 그랬던 거 같애요" 그러더라구요. 그래서 그때부터는 마음이 너무 막 힘들어지더라구요. 그래서 거기서 막 난리 치고 우왕좌왕하다가 어떻게 왜 그랬는지 모르지만, "진도체육관에서 차로 팽목항을 갈 사람들은 다시 차를 타라"고 그래서 재영이 엄마랑 같이 팽목항 가는 차를 탔어요. 탔는데 아는 사람들이, 언니들이 소식을 듣고는 전화가 오고 계속 그러는 거예요. 그래서 제가 차 안에서 계속 엉엉 울면서 통화를 하고 우리 큰아이 친구 엄마한테 또 전화가 와서, 그 버스를 팽목항까지 가는 시간이 한 40분 가까이 걸리는 거 같아요. 거기까지 가면서 제가 통화를 하면서 엉엉, 제가 그때부터 막 울구 그랬어요.

그래 가지고 팽목항에를 갔지, 가니까 벌써 한 7시 됐으니까 좀 어두워지려고 했겠죠? 그러고 그날은 어떻게 보냈는지, 아무튼 거기서 우왕좌왕 난리를 치고 그냥 그러고 이제 저는 팽목항에 있게 됐어요. 팽목항에 있으면서 그날 첫째 날 그렇게 해서, 11시 이때까지 거기 있으면서 아무튼 모든 게 체계적으로 다 되어 있지 않았고, 누군지 모르지만 거기 상황실이라고 하는데 맡아서 하는 사람이 누군지 모르겠어요. 지금 기억이 잘 안 나는데 어떤 분들이 와가지고 막 지휘한답시고 하고 그렇게 하는데. 그날이 첫째 날인가 둘째 날인가, 둘째 날인가? 그렇게 해서 난리를 치고, 아무튼 첫날은 그렇게 우왕좌왕 그런 기억밖에 안 나요, 그런 기억밖에 안 나고.

4
팽목항, 진도체육관에서의 일들

영만 엄마   그러고 나서 밤이 되니까, 아빠는 그날 일 때문에 일을 마무리 못 해서 그날 못 오고 그다음 날에 왔어요, 17일 날. 그렇게 되니까 저녁때 아무것도 준비가 안 되어 있었고 했기 때문에 막 사람들이 의자 이런 데 있었고, 어디서 자원봉사 이런 데에서 가지고 온 모포 이런 거를 뒤집어쓰고 막 있다가. 바닷바람이 이런 데 바람하고는 틀려요. 굉장히 바람이 차고 그래서 그 바람을 피한다고 사람들이 모포나 이런 거를 뒤집어쓰고 그냥 의자에 앉아 있다가 그날…(한숨), 그날 첫째 날인가 둘째 날인가 기억이 안 나네. 그래서 거기에서 우왕좌왕하다가 첫째 날은 아무튼 아빠가 [없고], 재영이 아버님이 오셨는데 일단 어디 있을 데가 없으니까. 거기 자기가 아는 사람 동창이 사는, 동문인가 누가 거기 산다고 그러면서 집을 빌려놨으니까 그리로 가자 그래서 거기를 갔죠. 거기로 가가지고도 텔레비전 계속 틀어놓고서는 계속 거기 거실에서 보고.

그러면서 그날을 아무튼 그날도 거의 뜬눈으로, 누가 전화하면은 전화 통화하면서 내내 울고 막 울고불고 소리 지르고 그러면서 그날을 그렇게 보내고 그다음 날 되면은 또 팽목항에 나가고. 근데 제 기억에 두 번째 날인가 아무튼, 세 번째 날인 거 같애요. 그리고 나서 그 집에서 그렇게 3일을 보내면서 밤에 일어났던 일은 못 보고 두 번째 날인가에 본 기억은, 두 번째 날인가 아마 비가 왔던 거 같애요. 비가 되게 많이 왔는데 어디 있을 데가 없으니까 거기 대합실, 팽목항 대합실에…. 좁죠, 대합실이래도 공간이 한 (손짓하며) 요만한가? 그 좁은 데 거기 바닥에다가 돗자리 같은 걸 깔아놓고 사람들이 다 그렇게 앉아가지고 거기서 TV만 틀어가지고 보면서 그렇게 상황을 보고 있었어요. 그런데 밖에서는 주로 엄마들이, 누군지 모르지만 아무튼 와가지고 브리핑을 하거나 하는 거를 엄마들이 주로 보지 않고 주로 아빠들이 봤기 때문에 저도 기억이 잘 안 나고, 그때그때 상황이 기억이 잘 안 나거든요. 그래서 두 번째 날 아무튼 대합실에서 비가 엄청 많이 오고 하니까 막 우비들을 뒤집어 입고 그러면서 두 번째 날 거기 대합실에서 그렇게 있고 그랬어요.

그러면서 잠깐잠깐씩 왔다 갔다 하고 그러다가 밤에 사람들은 배를 타고 나가, 사고 해역까지 어떻게 알았는지 타고 나갔다고 하는데 저는 그 배도 못 탄 거예요. 전 밤이 되면은 집에 가서 자고 하다 보니까, 밤에도 아마 배를 빌려가지고 타고 나가고 그랬다는데 배를 못 탔어요. 그런데 애 아빠가 아마 며칠째에 배를 탔는데 저는 못 탔어요, 저는 배를 못 타봤거든요. 그렇게 두 번째 날도 그렇게 해서 보내고, 기억이 두 번째 날인 거 같애요. 아이들이 이렇게 시신이 두 번째 날 되니까 왔는데. 아, 그러기 전에 낮에 그 텐트가 막 세워진 게 둘째 날인지 셋째 날인지, 가족들이 거처할 데가 없으니까 텐트가, 대합실 앞에 텐트가 쭉 세워지기 시작했거든요. 비가 그렇게 오던 날이었어, 두 번째 날인 거 같애. 비가 와가지고 텐트에 들어갔는데 어떤 반 엄마[와] 얘기하다 보니까 우리 반 엄마라는 걸 알게 됐어요. 그 엄마가 얘길 하는데 여기 잠수사로 온 분이 그 아이의 이모부, 그러니까 그 형부라고 그러더라구요. 그래서 그렇게 알게 돼가지고 텐트에서 이렇게 얘기하는데 "그분이 배에 상황을 보러 들어갔다 나왔다"고 그렇게 얘길 하면서 왔는데 얼굴 표정이 좋지가 않아요. 그러고서 자세한 이야기를 하지 않아, 그 상황들을 이야기를 잘 하지 않더라구요. 그런데 보니까 조금 쉬운, 그렇게 우리가 생각하는 것보다 훨씬 더 심각한 상황이라는 거를 알게 됐어요. 그걸 느끼게 된 거죠.

그러고 나서 두 번째 날 밤이었던 거 같애. 첫 번째 날 아이들이 처음에, 아이들이 [수습되어] 올라오는 것도 낮에는 아이들 데리고 오지 않아요. 건져놔도, 올라오는 데도 불구하고 그런지 모르지만 아이들이 낮에는 안 와. 엄마들이 막 아우성치고 모든 사람들이 두 눈

똑똑히 뜨고 지켜보니까 그런지. 그러다가 밤이면 그래도 [부모들이] 지쳐가지고 텐트나 어디나 아무 데나 들어가 가지고 꼬꾸라져서 있든 어쨌든 그러니까 낮에는 안 오고, 두 번째 날인 거 같애. 두 번째 날인지 세 번째 날인지 확실히 기억이 안 나지만, 아이들이 그날 꽤 왔어요. 기억이[에] 한 열몇 명 정도 올라온 거 같애요. 근데 두 번째 날 올 때는, 아이들이 올 때 그때는, 그때도 막 우왕좌왕 준비가 안 돼 있고 그러니까 아이들이 왔는데, 그냥 아이들을 수습을 안 하고 데리고 올라온 거예요. 그래서 이렇게 부두라 해야 하나 거기 올라오는 데 입구에서 그냥 애들이 앞에 현황판에 이렇게, 현황판이 있었어요. 거기에 애들이 몇 시 몇 시에 수습됐다고, 이렇게 거기 먼저 올라오고 기다리면 한 2시간 정도나 시간이 흘러야지, 그 아이들을 다 수습을 해가지고서 여기 나오는 시간도 있으니까, 그렇게 해가지고 아이들이 오니까. 보통 애들이, 몇 명의 아이들을 시신을 인양을 했다라고 하면 그렇게 되고 나서 한 2시간 정도 가까이가 시간이 흘러야지 여기 저희가 기다리고 있는 데를 오더라구요. 그래 가지고 그때 한 10시 정돈가? 기억이 그 정도에 애들이 수습이, 막 현황판에다가 아이들 이름이 있으면 이름을 적고 그러지 않으면은 신상이나 이런 거를 쭉 적어놔요, 왔다고.

그때 처음엔 그것도 없었던 거 같애. 그리고 아이들이 무작위로 막 온 거예요. 누가 누군지도 모르게. 맞아, 처음에는 그런 현황판에 누군질 모르니까 걔네들도 그런 일하는 데에 있어서 체계적이지 못하고 우왕좌왕한 거지. 그러니까 아이들을 그냥 막 거기서도, 시신도 제대로 단정하게 수습도 안 하고 그냥 아이들을 하얀 119 들것에 들려 나오는데, 그냥 하얀 (눈물을 훔치며) 거기다가 그냥 애들이 누워가지고 다 올라온 거를 두 번째 날인가 거기서 그걸 다 봤어요. 왜냐면은 내 아이인지 누군지도 모르니까. 거기서 엄마들이 아우성치고 아빠들이랑, 거기서 막 올라오는데 올라오면은 거기서 그냥 그 아이들을 다 지켜보는 거예요. 근데 그 아이들이 오는데 보니까 어떤 아이들은 손이 이렇게[주먹을 쥔 채] 돼 있고 발도 이렇게 꼬부라져 있고 그런 대로 그걸 다 그렇게 싣고 올라온 거예요. 아이들을 들 것에 들어가지고, 얼굴은 하얗고 입에 막 거품도 물고 있는 아이들도 있고. 그러면서 아이들이 올라올 때마다 누군지 모르니까 내 아이일 수도 있으니까, 그걸 다 지켜봤어요. 거기서 올라오는 두 번째 날, 처음 그 아이들이 많이 올라오던 날 그 아이들 다 그냥 지켜봤어요. 그런데 아무튼 그렇게 엉망으로 해서 아이들을 데리고 그냥 왔어요. 그거 다 보고 머물던 집에 늦게, 둘째 날인가 셋째 날인가 그걸 다 보고 [머물렀던] 집에를 갔죠. 가가지고 거기 밤새도록 또 텔레비전 보다가 아침에[이] 되면 또 아침에 나오고.

그러면서 거기서 좀 이상했던 거는, 지금은 그것도 이상한 게 이렇게 현장하고 여기서 지시하고 그런 사람들이 통화를 하는 거를 거기서 지켜보고 있는데… 거짓말을 하는 건지, 부모들이 거기서 그렇게 아우성을 치니까 거짓말을 하는지 모르지만 부모들이 뭐 별별 요구를 다 한 거죠. "이렇게 이렇게 지시를 해라" 아무것도 상황이 좋아지지도 않고 그러니까 한 2, 3일 정도 되면서부터는 부모들이 막 난리를 치고 거기서 막 총지휘하는 사람 멱살도 잡기도 하고 그러면서. 저희가 지금 알게 된 거지만 거기다가 공기를 주입을 한다고, 에

어포켓이 있어 가지고 공기를, 에어포켓이 있으면 공기를 주입하지 않는 게 낫니 어쩌니 막 이런 얘기도 한 거 같은데 아무튼 기억은 잘 나지 않는데, "공기를 주입한다 어쩐다" 막 그런 얘기도 했잖아요. 그런데 그때 부모들은 다 진짜 줄 믿었죠. 그런데 그게 다 나중에 거짓말이란 걸 알게 됐고. 공기 주입을 했지만 그것도 산소나 이런 공기가 아니라 공업용 공기를 주입했다는 것도 인터넷 뉴스에서 본 기억이 있는데, 그렇게까지 하면서 그 아이들을… 정말로 그냥 이 나라가 정말로 그 아이들을 수장하려고 (눈물을 훔치며) 작정했다는 생각이 들어요.

　3일 정도 지나면서, 한 이틀 정도 될 때까지는 저도 그랬어요, 저도 아이가 살아서 돌아오겠거니 아니면은 구조가 되겠거니 그러면서 그렇게 기다리면서, 그렇게 아이들을 기다렸는데 3일 정도 지나면서부터는 정말 미안한 이야기지만, 우리 영만이한테 너무 미안하고 죄스럽지만 살아 있을 거 같지가 않더라구요. 그 사람들이 구조하는 거에 있어서도 그렇게 책임감 없이, 계획성도 없고 그냥 우왕좌왕하면서 그렇게 한 것이 지금 생각하니까 그것이 우왕좌왕이 아니라 정말로 이것이 계획된 참사였다면, 학살이라면 그 사람들은 그냥 일부러 그렇게 했다는 거밖에는 안 되는 거 같애. 그러다 보니까 처음에는 그냥 살아서 돌아올 거라고 믿었고, 며칠은 그렇게 아이를 기다렸지만 너무 많은 아이들이 이렇게 희생[되고] 배 안에 있단 얘기를 듣고 거기에서의 그런 구조나 이런 거 하는 거 체계적이지 못하고 이런 걸 보면서……

　그리고 아까 얘기하려다 말았던 게 현장과 여기에서 지시하는,

여기 이쪽에서 지시하는 것과는, 제 생각엔 뭔지 모르지만, 여기서 지시를 하지만 그냥 부모들이 보고 있으니까 여기서 부모들이 하라는 대로 지시는 해, 그렇지만 거기선 대답만 그렇게 하고 있겠죠.

그렇지만 자기들이[자기들끼리] 하는 얘기는 상황이 어떻단 얘긴 해야 하니까, 부모가 듣지 않으니까[않도록]. 그래서 전 이상한 게 보통 이렇게 연락을 하거나 하면은 무전기를 사용을 하는데 무전을 안 하고 전화로, 휴대폰으로 계속 전화 통화를 하는 거예요. 그러고는 통화를 하고 뭘 보고서는 얼른 끊고 그러면, 여기서 그렇게 통화를 하고 나면 부모들이 난리 치니까, 뭐라고 뭐라고 문자가 오는지, 느낌에 그걸[문자를] 보는 것처럼 보고서는 얼른 끊고 계속 그게 반복이 되더라구요. 그래서 그게 무전을 하게 되면은 다 듣잖아요, 부모들이 다 듣잖아요. 그래서 그랬는지 모르지만 그렇게 전화로 휴대폰으로 통화를 계속하는 거예요. 그 상황을, 그래서 부모들이 나중에는 안 되겠으니까 막 멱살 잡고 "빨리 이렇게 해서 지시하라"고, "저렇게 지시하라"고 그렇게 막 부모들이 요구를 하고 그리고 나중에는 안 되겠다 싶어서 부모들이 배를 장만을 해가지고 현장엘 나간 거예요. 나가고 우리도 우리끼리 통화를 연락을 하는 거지. "여기서 여기서 지시를 했으니까 그쪽에서 이렇게 지시한 대로 작업을 하고 있는지를 보라"고. 그래서 부모들이 여기서 통화를 그렇게 하면서 시키고.

거기 있을 때 참 많은 사람들이, 이렇게 언뜻언뜻 보면서 많은 사람들이 다녀갔던 게 그 아이들 처음에…. 모르겠어요, 지금 생각할 때는. 어차피 그 아이들이 다 희생될 수밖에 없었고 다 이렇게 아이들을 살릴 수 없는 상황이었다면, 그 당시엔 역시 저도 그런 생각은 해요. 어떤 선택을 하든 그때도 부모들끼리 굉장히 다툼이 있었던 거는 "공기를 주입하면 일부 아이들은 살 수 있지만 어떤 경우는 좋지 않다. 그래서 공기를 주입할 수 있다 없다" 막 그런 것도 굉장히 대립을 많이 한 거예요. 그랬을 경우 살아 있는 애들에 대해서는 공기를 주입해야 하지만, 혹시라도 살아 있을지 않았을지 모르지만, 공기를 주입했을 때 어떤 게 문제가 있을 수 있다라는 걸로 막 싸우면서 "그러면 공기를 주입을 하자 말자" 막 이런 것 때문에 부모들이 옥신각신하기도 하고 그러니까 부모들도 어떤 선택을 하더라도 50프로는 후회하는 선택이 되는 거고 50프로에게만 제대로 된 선택이 될 수 있지만 어쨌든 후회되는 선택일 수밖에 없는, 누구에게는 후회될 수밖에 없는 선택이었잖아요. 그래서 그런 거에 있어서도 부모들이 굉장히 갈등[을] 많이 한 거예요. 내가 아니지만 혹시 내 애가 있을 수도 있고 혹시 내 애가 아니더라도 남아 있는 애도 어떻게 살릴 수 있는 방법을 계속 그 부모들은 고민을 했던 거예요.

전문가라는 사람들이 와서 조언을 하고 했을 때, 지금 생각하면은 정말 이렇게 될 수밖에 없었다 그러면 차라리 그때 그런 걸 그렇게라도 해봤더라면… 아이들이 에어포켓이 있으면 사니 어쩌니 이런 얘길 할 때. 그리고 우리 애 아빠도 지금 그거에 대해서 조금 후회, 안타까워하는 게 뭐냐면 그것도 어떤 전문가분이 오셔가지고 한 얘긴데 그때 다이빙 벨을 설치하니 마니, 그때는 우리가 솔직히, 저는 그때 다이빙 벨이 뭐 하는 건지 이런 것도 몰랐었어요. 지금 이렇게 지나면서, 이렇게 2년이란 시간을 지나고 내 아이가 이렇게 되고 나서 '아, 다이빙 벨이 이런 걸 하는 거였구나'라는 걸 알게 되는 거지. 다이빙 벨을 그때 하니 마니 할 때, 그때는 그게 뭔지 모르니까 잘 이해도 못 했고 그냥 그런가 보다 하고 있었는데. 그 당시에도 어떤 분이 오셔가지고 그런 제안을 하셨어요. 이렇게 그때 현대중공업인가? 현대중공업인가 거기 가까이 있다고 하더라구요. 진도에 가까운 곳에 있어서 오려고 하면 몇 시간 정도, 오면 올 수 있는 거리에 위치하고 있는데 거기에서 "이 다이빙 벨을 설치를 하게 되면은 뭐가 나쁘니 어쩌니" 아니면 다이빙 벨을 못 들어오게 하고 이러는. 지금 생각하면은 이것도 다 해경에서 그냥 막은 거라고, 막은 거라는 게 지금 알게 된 거지만. 그 당시에는 왜 그러는지 모르고 무조건 다이빙 벨이 "이래서 좋지 않고 저래서 좋지 않고" 핑계 댈 때에는 우리가 우리 아이들이 정말 그 안에 살아 있다 그러면, 이런 걸 선택하면 이게 맞는 건지 아닌 건지 모르니까 그럴 수밖에 없었는데.

그래서 그때 누가 와서 그런 얘기, 잠수사가 머구리라고 해가지고 이렇게 산소통을 하고 들어가는, 그것도 지금 생각하니까 다 거짓말이었던 거 같애요. 이게 산소통이 사람이 그 아래까지, 배 아래까지 잠수사들이 들어가는데 시간이 거의 한 20분 가까이, 이렇게 준비하고 막 들어가는 게 2, 30분 가까이 걸린다고 하는데, 그때는 그것도 다 거짓말인지 모르고 지금은 거짓말이란 걸 알게 된 거죠. 그렇다 그러면은 그때는 우리한테 그렇게 거짓말을 했잖아요, 이렇게 들어간다고. 들어가면은 산소통은 자기가 지금 메고 있고 그럼 애들은 어떻게 데려 나올 것이며 산소통을 애한테도 산소를 공급해 줘야 하는데 그게 지금 생각해 보면은 다 거짓말인 거잖아요. 그렇게 한다고, 하고 있다고 했던 것이. 그렇게 들어가 가지고 아이들을 구할 수 있는 방법을 제대로 제시를 하지 않고 그거를 고민하지 않았던 거 같애, 이 해경 측 관계자들은.

제대로 구조하려고 했더라면은 많은 생각들을 했어야 했고, 우리가 지금 엄마들도 아무것도 모르지만, 지금 이렇게 알게 된 이야기지만 그 아이들을 갖다가 거기다 들어가는 데 20분. 그런데 이 사람들이 버틸 수 있는 게, 그 잠수사들도 배 안에서 버틸 수 있는 시간이 20분도 채 안 되는 시간에 한계가 있다고 하는데 그걸 저희한테 계속 거짓말한 거잖아요, 그 아이들을 계속 구할 것처럼. 산소를 나중에는 머구린가 그걸 쓰고 들어가면은, 더 저기 하다고 해가지고 그걸 쓰고 들어간…. 두 번째, 며칠 지나니까 그걸 쓰고 들어가니 어쩌니 막 그런 거짓말을 계속해 댔는데 그래서 그때 당시에 어떤 분이 와서 그런 아이디어를 내신 분이 있었어요. 만약에 잠수사가 지금처럼 그렇게 들어가는데 그렇게 시간이 아이들 있는 곳까지 가는 것만도 한 20분씩 걸리면 그 이상 있을 수 있는 시간이 없으니까 그 아이들을 구한다는 건 완전 불가능한 거잖아요.

누가 오서가지고 저는 어떻게 했는지 모르지만 대략 감으로만 생각한 건데, 그 당시에 "배에 구멍을 뚫어서 어떻게 하자" 그런 얘길 했는데 구멍을 뚫으면은 "에어포켓이 있을 경우에는 구멍을 뚫으면 안 된다" 부모들이 잘 모르지만 아무튼 그런 것들 때문에 우왕좌왕, 옥신각신 했었어요. 그런데 어떤 분이 하신 얘기가 구멍을 뚫어가지고 거기다가 엘리베이터처럼, 엘리베이터가 아니라 호스나 통 같은 거를 이렇게 대나무통이든 이런 통 같은 거 있잖아요. 스텐이 됐든 쇠로 됐든 그걸 갖다가 밑으로 내려 배 밑으로 내리고 그러면은 그 공간은 물이 안 들어가잖아요, 일단 물이 안 차잖아요, 그럼 거기까지 가는 시간도 줄일 수 있고. 그렇게 해서 아무튼 그렇게 연결해 가지고 그 아이들 있는 곳까지 아이들을 "통로처럼 만들어놓으면 거기 얼마든지 왔다 갔다 할 수 있다" 그렇게 해서 만드는 게 어떻게 하고 그런 제안도 누가 아이디어를 와서 내고 했는데, 그런 것도 사실 부모들이 선택하기가 참 쉽지가 않았죠. 그 아이들이 정말 혹시라도 그 안에 살아 있을 수 있다는 그런 희망으로 구멍을 뚫었을 때 만약에 [있을] 변수나 이런 걸 생각해 보고. 그런데 우리 남편은 지금도 그 이야기 굉장히 좀 많이 아쉽다는 얘기 하는데, 그런 거를 부모들이 아무튼 선택하는 데 여러 가지 어려움이 많이 있었어요.

그런데 지금 생각해 보면 정말 그렇게 아이들이 될 수밖에 없었다 그러면 그렇게 못 해본 것이 후회가 되는 거죠. 그래서 그때 그렇게 난리를 치고 우왕좌왕했던 기억이 나구요. 아무튼 아까 얘기한 것처럼 무전으로 사용 안 하고 전화로 그렇게 통화를 하다가 전화를 끊고 나면, 뭐라고 문자가 오는지 부모들이 옆에서 듣고 있으니까 여기서는 제대로 말하는 거 같지만, 거기서 듣고는 그쪽의 [대답]하고 싶은 상황을 이쪽으로 뭐라고 하는 거 같애. 그러면 대답만 뭐 동문서답하는 거겠죠. "알았다 알았다" 하고 끊고는 문자를 뭘 보고는 전화를 얼른 덮어버리고. 그런 걸 보면서도 이상하단 생각을 했었어요. 그리고 나서 거기에, 그리고 전 진도체육관에 상황은 몰라요. 처음에 가는 날부터 팽목항에서 계속 [있어서]. 왜냐하면은 부모들이 생각이 다 다르지만 진도체육관에서 있을 수 없는 게 아무래도 사고현장과 훨씬 더 팽목항이 가까이 있었고, 아이들이 온다 그래도 팽목항으로 바로 오니까 더 [빠르게] 바로 아이들을 확인을 할 수 있고 그렇기 때문에, 저는 팽목항에서 계속 있었기 때문에 진도체육관 상황은 잘 모르는데.

팽목항에 있을 때에도 아무튼 지금 생각하니까, 김명연 의원. 그 당시에는 얼굴도 몰랐는데, 그때 당시에 수행 비서 한두 명인가 몇 명인가 모시고 옆에 딱 오면서 막 뭐라고 뭐라고 막 사람들한테 지시하고 그러기에 저는 그 사람이 엄청 높은 사람인 줄 안 거예요. 그 사람한테 막 매달리면서 "우리 애 좀 살려주라"고. 막 지금 생각해 보면 그 사람이야, 김명연 의원. 지금 여기 선부동 이번에 여당 국회의원 출마를 하는 사람인데, 지금 생각하니까 그분인데 그런 사람들이 엄청 많았어요, 거기에. 누군지도 모르지만 지금 생각하니 그런 사람들이, 사복경찰 이런 사람들이었던 거 같아요. 다 그냥 거기에 부모가 정말, 부모 500명이면은 그런 사람도 몇백 명은 거기 와 가지고 상황을 다 지켜보고 있고 일일이 다 감시하고 있었고. 너무, 진도체육관에선 이런 일도 있었다고 하는 게, 처음에는 부모들이 누가 누군지도 모르잖아요. 한 번 본 적도 없고 그러니까 사복경찰이라고 하는 사람들 이런 사람들이 와가지고 부모 행세를 하는 거예요. 그러다 보니까 우리가 무슨 며칠 지나면서는 부모들도 막 하는 일을, 한 며칠 지나면서 이 정부에서 사고 수습하는 거에 있어서 정말로 그때부터 믿음을 깨기 시작한 게, 불과 며칠 되지 않으면서부터 정부에 대한 믿음이 완전히 깨진 거예요, 신뢰가. 그 아이들을 정말 최선을 다해서 구조하지 않고 있고 그런 거를 부모들이 다 알았을 거예요. 아마 저뿐만이 아니라, 그래서 그때도 왜 그랬는지 모르겠어요, 왜 그렇게 할 수밖에 없었는지.

부모들이 막 모여가지고 이렇게 "어떻게 어떻게 했으면 좋겠냐" 아까처럼 뭘 선택하는 데 있어서 이걸 할 건지 이걸 할 건지 모여가지고 논의를 하고 토의를 하고 할 때에도 부모가 누군지는 다 모르니까, 누가들 와서 부모라 그러면은 부모인가 보다 하는 거죠. 그런데 지금 생각하니까, 그런 사람들 중에는 그렇게 정부에 관련된 이런 인간들이 와가지고 거기에서 부모인 척하면서, 정말로 우리가 제대로 된 논의를 한다고 그러면은 뭐 삐딱하게 다른 얘길 하면서 회의, 논의하는 거에 있어서 다른 의견을 탁 던지면서, 그때부터 그게 조직적이고 계획적으로 그러지[방해하지] 않았을까 싶어요. 그러면서 그때부터는 명찰을, 안 되겠다 싶어서 아이들 명찰을 학교에다가 요구를 해가지고 아이들 사진을 다 뽑아가지고 "몇 학년 몇 반 아빠" 이렇게 명찰을 앞에다 단 거예요, 앞에 딱 걸었어. 그래서 회의에 모인다 그러면 그 사람들도 모여야 하잖아요. 그래서 어느 날 보면은 학부모도 아닌데 그 명찰을 달고 와가지고, 어떻게 그렇게 그걸 구했는지 달고 와가지고 부모인 것처럼 해가지고 있는 사람들을 막 그때 멱살 잡아가지고 막 끌어내고 싸우기도 하고 그런 적도 꽤 많아요. 그러니까 지금 생각하면 이게 정말로 상식적이지 않고 이해 안 되는 부분인 거예요. 왜 그렇게 그런 참사에 있어서, 아이들을 당연히 구조해야 하는 것에 있어서, 그렇게 이상한 사람들이 와가지고 그렇게 방해 놓을 것처럼 뭐를 하는지. 이렇게 듣고 몰래 엿듣고 막 하면서 그렇게 했다는 거가……

지금 이제는 결론이 나는 거죠, 그때는 몰랐지. 그렇지만 그때 당시에 정상적인 저기는 아니니까 부모들이 열받아 가지고 화가 나 가지고 막 멱살 잡아가지고 끌어내고 그런 사람들이 꽤 많았어요. 지금 생각하니까 그런 사람들이 모두 정부 관계자나 이 문제에 있어서 이렇게 끌고 가는 이런 조직 세력이 아닌가 싶은 생각이 드는 거예요. 그런 것도 언론보도도 안 나가고. 언론에는 아시겠지만 첫날 나온 것처럼 "전원 구조했다" 그랬다가 실종자도 숫자가 계속 번복됐다가, 전원 [구조] 그런 것도 다 거짓말하고. 그리고 뉴스에 나갔던 게 첫날에도 "잠수사가 몇백 명이 와 있다"고 그렇게 거짓말해 놓고는 몇 명 한 20명 안팎으로 그렇게 와 있었고. 그리고 그때 헬기도 두세 대나 와 있었나요? 그런데 "헬기도 몇십 대 와 있다" 그러고 대기하고 있다 그러고. 그리고 아이들 구하는 조그마한 함정 그런 거, 그런 것도 몇수십 대가 와가지고 정말 구조하고 있는 것처럼 그렇게 내보내기 시작한 게 첫날. 그 긴박한 상황에서 구조하고 있던 그 사진이[을] 며칠 내내 계속 똑같은 걸 내보내면서 열심히 구조하고 있다고 최선을 다해서 구조하고 있다고, 모든 인력과 장비를 총동원해서 구조하고 있다고 그렇게 언론에 계속 나갔으니까. 사람들은 계속 세월호 사고에 있어서, 사건에 있어서 그렇게 알고 있는 사람들은 100프로 정말 아이들을 그렇게 열심히 구조하고 있고 정부가 최선을 다해 구조했는데도 못 구한 걸로 알고 있어요. 그런데 사실은 그게 아니에요, 못 구한 게 아니라 정말로 구하지 않은 거예요. 아무것도 안 했다구요, 이 사람들은.

그런 거에 있어서 지금 부모들이 참사를 밝히겠다고 발 벗고 나서고 하는 것도 이 사회에[가] 이렇게 불합리하고 부정의한 거에 대해서 변화를 요구하는 그런 요구인 거지. 우리 아이들에 대해서, 우리 아이들이 죽어가지고 죽은 거에 대한 보상을 배상을 원하는 게 아니에요. 그런데도 국민들은, 물론 국민들이 그렇게 생각할 수밖에 없는 건 언론이 그렇게 만들었기 때문에. 언론에 나오는 건, 뉴스에 나오는 거, 신문 보는 거 그런 거 그런 거에 조작된, 그렇게 잘못된 그런 보도로 인해서. 그리고 그 당시에 언론들이 어마어마하게 많이 왔는데도 불구하고 막 인터뷰도 하고 제대로 내보내 주겠다고 약속을 하고 인터뷰를 하고 해도 안 내보내요, 안 내보냈어요. 그것은 철저하게 그 사람들의 힘으로 할 수 없는 그런 영역에 있었기 때문에.

기자들이야 자기들 특종감이라고 하고 열심히 찍어댔겠죠. 그렇지만 가져가 가지고 보도를 요청하면, 방송을 요청하면 [안 된 거죠]. 그러니까 그렇게 했던 이유가 지금 이렇게 지나고 나서 다, 그 당시에는 그거 왜 그러는지도 몰랐지만 지나고 나니까 이 모든 것들이 정말로 이 정부의 이런 잘못된, 정말로 무언가 잘못이 있고 조직적이고 계획적으로 방해를 했고 우리 아이들을 그렇게 수장시킬 수밖에 없었던 자기들만의 계획이 분명히 있었던 게 아닌가 그런 생각을 해요. 함부로 어디 가가지고 감히 일반 사람들한테 이런 얘기 하면 정말로 큰일 날 소리일 수 있겠지만 모든 부모들이 아마 그렇게 생각하고 있을 거예요.

그곳에서 지켜봤던 그 며칠 동안의 그런 상황과 우리가 지금까지 들어왔던 그런 이야기들과, 청문회에서도 실질적으로 밝혀졌잖아요. 1차 청문회에서 우리한테는, 국민한테는 그리고 유가족한테는 제대로 다 구조하고 있다고 하고 김석균 해양, 그 해경경찰청장인가 뭔가 박근혜 대통령 왔을 때 진도체육관에서 그거를. 전 아까 말씀드린 것처럼 진도체육관에 있지 않고 팽목항에 있었기 때문에 보진 못했지만, 나중에 〈나쁜 나라〉에서 보니까, 뉴스에도 나왔는데 거기서 박 대통령이랑 무대 앞에 서가지고 "제대로 구조하고 있다"고 그렇게 얘길 하니까 부모들이 거기다 대고 아우성치니까, 그러면서 얘길 하니까 박 대통령[이] 옆에서 부모들 정말로 안심시키고 위로시키기 위해서라면서 "설마 이 사람들이 거짓말을 하겠냐, 그러면 이 사람들 다 옷 벗어야 됩니다" 그렇게 말해놓고는 그렇게 말하는 거는 다 알고 있었단 거잖아요, 다 알고 있었어요. 그리고 [4월 16일] 7시 몇 분인가 몇 분에 [중앙재난안전대책본부에] 와가지고는 "아이들이 구명조끼를 다 입었는데 그렇게 발견하기 힘드냐?"고 어디 물에다, 그럼 애들이 다 떠가지고 어디 있는데도 못 찾아오는 것처럼 [얘기한 건] 지금 상황을 지금 그렇게도 모르고. 대통령이란 사람이 와가지고 그런 얘길 했다는 그 자체도 그런데 솔직히 말해서 대통령이 그때까지, 이 사람이 개인적인 사생활 문제로 그랬든 어쨌든 대통령은 아마도 보고를 못 받았을 수도 있겠다는 생각이 들고, 하지만 최고 어떤 선까지는 보고가 됐던 걸로 알고 있어요.

그때 청문회에서 밝혀진 것처럼 보고했던 그런 증거자료로 그걸 받아서 봤을 때 우리 여기 국민들과 유가족한테는 거짓말해 가면서 500명의 잠수사와 수십 대의 헬기와 몇수십 대의 함정과[이] 와 있다고 거짓말했지만, 실질적으로 거기 보고된 거에는 제대로 보고가 되고 있었어요. 16날[일] 여덟 명인가 몇 명 몇 시에 투입하고 몇 시에 투입하고 몇 시에 투입했는가까지, 몇 명 투입한 것까지 제대로 다 보고를 하고 있었음에도 불구하고 국민들하고 유가족들한테만 그렇게 거짓말을 했잖아요. 그렇게 거짓말을 할 이유가 정말로 순수하게 해양 사고로 그랬다 그러면은 그렇게 할 이유가 없었던 건데 끝까지 그렇게 거짓말하고 그랬던 데에는 나름 자기들만의 그런 이유가 있지 않을까.

그러면서 아무튼 팽목항에서 그런저런 상황들 보고 잠수사 그 안에 들어갔다 오신 분이 이야기할 수 없는 어떤…. 그러면서 한마디로 "아이들이 다 이렇게 둥둥 떠 있다고, 엄청 많이 그냥 떠 있다"고 그 이야기를 들었을 때는 너무 정말로 앞이 깜깜했죠. 그리고 둘째 날인지 셋째 날인지 기억이 안 나는데, 지난번 제가 얘기했나 모르겠는데 지금까지도 그게 전 왜 그랬는지, 제가 모르고 있었는데 얼마 전에 알게 됐어요.

그 진도체육관에 우리 영만이가 다니는 교회 목사님이랑 사모님이랑 오셔가지고, 영만이랑 같이 교회 다녔던 여자아이가, 9반에 이수진이란 아이가 같이 희생이 됐어요. 그런데 이 교회가 멀어요, 예전에 살던 데에서 이사 왔는데도 불구하고 우리 영만이가 계속 그 교회를 다녔는데. 그래서 그 교회 목사님도, 사모님도 저도 그 교회를 다녔었기 때문에 우리 애들 어렸을 때에는 잘 알지, 그러니까. 수진이네가 진도체육관에 있었던 거예요, 그러면서 진도체육관에 오셨다고. 그때 팽목항에서 진도체육관을 왔다 갔다 하는 그런 작은 미니버스가 있었어요, 승합차가. 그래서 하루에도 진도체육관에 있다가 팽목항 상황을 보고 싶으면 거기서 오기도 하고 여기서 들어올 땐 거기로 가기도 하고. 그래서 오셨다 해서 제가 갔는데, 한 4시 정도 됐던 거 같아요, 둘째 날인가? 그래서 엄청 거기서 목사님 보고 사모님 보고 엄청 울고 그랬는데, 조금 있다가 한 5시쯤 되니까 어디선가 전화가 왔어요. 02, 2, 앞에 국번도 4자리였던 거 같고 아무튼 기억이 잘 안 나는데, 전화가 와서 경찰 어디라고 그래요, "무슨 경찰에서 저한테 전화를 하냐?" 했더니 뭐라고 뭐라고 그래요. 그래서 "영만이한테 전화가 왔냐?"고 저한테 물어보는 거예요. "아니, 영만이한테 전화 안 왔다"고 전 묻는 말에 아무 생각 없이 그냥 대답을 해주면서, 우리 애 아빠가 옆에 있었거든요, 그래서 남편을 바꿔줬어요. "여보, 여기 경찰 뭐라고 하는데 영만이랑 통화했냐고 물어보는데?" 그랬더니 애 아빠가 받으면서 "어디냐?"고 "영만이랑 통화가 됐는지 궁금해서 그런다고 전화를 했다"고 그러고 끊더라구요, 그러고 끊었어요. 그게 지금까지도 그게 그런 전화가 왔었던 건 이상하지만 왜 전화했는지는 지금까지도 몰랐거든요.

그런데 얼마 전에 알게 된 사실인데 영만이 절친 중에 5반에 박성호라고 있어요, 성호 엄마가 그 얘길 하는 거예요. 그 엄마가 배에 그 사고 해역까지 밤에 배를 타고 들어간 적이 있었대요. 둘째 날인지 셋째 날에 들어갔는데, 들어가면서 신원을 확인한다고 승선하는 사람들 신원이랑 전화번호를 적으라고 해서 적었다 그러더라구요, 적었는데. 그래서 사고 해역 앞에서 해역에서 이렇게 배를 보고 있었겠죠? 그 배를 향해서 보고 있었겠죠. 그런데 어떤 아빠한테 전화가 오더래요, 전화가 와가지고는 "성호 엄마를 바꿔달라" 그랬대요. 그래서 성호 엄마가 받았더니 저랑 똑같은 전화를 받은 거예요. 거기는 해경이라 그러고 전화가 왔다 그런 거 같애요. "혹시 성호한테 전화가 왔나? 성호랑 통화가 됐냐?"고 물어보더래요. 그래서 그 얘기 하면서 성호 엄마가 그러는 거예요. "그때, 그 인간들이 왜 전화했는 줄 아냐?" 그때 성호 엄마는 갈 때 전화번호를 적었는데 배터리가 없어 가지고 전화 통화가 안 됐고 그때 같이 간 아빠 번호를 통해서 바꿔달라고 하면서까지 물어볼 때는, 거기 성호 엄마가 거기 있는 줄을 어떻게 알았으며, 전화를 한 게 애들이 살아 있는지 확인 전화를 한 거였던 거예요, 지금 생각하니까.

애한테 전화가 왔으면 애가 살아 있는 거니까, 생존해 있는 거니까 그 배 안의 상황을 엄마들이나 아빠들을 통해서 물어본 거였던 거예요. 왜 그 얘기 나왔냐면 둘째 날에 2시인가쯤 됐을 때에 한세영이란 학생이, 식당 칸에 아이들이 삼십몇 명 정도 살아 있다는 명단이 있었어요, 한세영이란 학생이. 지금도 그게 페북[페이스북]이나 이런 데에 어디 있었는데 거기 명단에 영만이도 있었고 성호도 있었고, 생존한 애들[이] 식당 칸에 살아 있다고 한세영 학생이 [올렸대요]. 그런데 정말 살아 있었는지는 모르겠어요. 그런데 거기에 한세영이란 애가 살아 있다고 거기 페북에다가 그걸 올린 거예요. 그래서 페북에 올렸는데, 그 명단에 우리 영만이도 있었고 성호도 있었으니까 살아 있다고 하는 그 부모들한테 전화를 했던 모양이었던 거 같애요. 저한테도 그 전화가 온 거예요, 영만이랑 통화를 했느냐고. 영만이랑 통화를 했다 그러면 분명히 살아 있는 거니까 "알았다" 그러고 끊었는데 성호 엄마한테도 그 전화가 왔다고 그러는 거예요. "이 인간들이 애들이 지금 살아 있는지 아닌지, 정말로 죽었는지 확인하려고 전화를 했던 거"라고 그러면서 성호 엄마가 거기 [다른 학생] 아빠랑은 알지도 못하는 사람인데 어떻게 성호 엄마가 거기 있는 줄 알고 바꿔달라고 할 수가 있냐"고. 그러니까 거기 승선 전화[번호] 그거 적을 때 적은 걸 보고 거기 있는 [다른] 아빠한테 전화를 해서 급하게 통화는 해야 하니까, 성호 엄마 거기 있는 걸 알고 성호 엄마한테 전화를 해가지고 "통화를 했느냐?"고 물어보고.

그렇게까지 파렴치하게 이 인간들이 아이들이 죽을 때까지 기다렸다구요. 한 3일 되면서부터는 저는 그 생각을 했어요. '아, 이 인간들이 애들이 다 죽어야지, 다 죽을 때를 기다리고 있구나' 이 사람들은 아이들을 구할 생각이 없었어요, 처음부터 다 작정하고 우리 아이들을 죽인 거라구요. 이런 이야기를 국민들이 다 알아야 하는데도 불구하고 언론도 다 거짓말하고 있고 다 한통속이 돼가지고 저기 옆에서 다 벌벌 기면서 뭐가 두려운지 바른 소리 안 하고, 저러는 사람들이 언제까지 저렇게 당당하고 저렇게 살 수 있는 날이 언제까지인지 우리 부모들이 다 똑똑히 지켜볼 거라구요.

5
아이를 찾던 날

영만 엄마   그러면서 기가 막힌 일들이, 팽목항에서 몇 날 며칠을 그렇게 기다리다가, 우리 영만이는 아까 얘기한 것처럼, 한 3일 정도 되면서는 그때까지는 전 신앙이 있으니까, 우리 영만이가 살아 돌아왔으면 싶어서 하느님한테 기도하기를 "살아 돌아와서, 삶의 증거가 해달라"고 그렇게 기도를 했는데, 지금 얘기한 것처럼 한 3일 정도 지나면서부터는 아이들을 살려주지 않을 거라는 걸 알게 되더라구요. "아, 살아 돌아올 수 있는 가능성이 없구나" 그걸 알면서 워낙 많은 아이들이 희생이 됐으니까 그때부터는, 맨 처음에 내려갈 때부터 [때는] 사망자 소식이 들려올 때는 그 아이가 내 아이가 아니길 바랐지만 한 3일 지나면서부터는, 한 5일 정도 되면서부터 그렇게 빨리 포기하진 않았지만, 마음엔 그런 생각을 하고 있었지만 한 5일 되면서부터는 아이들이 [수습되어] 한 명씩 한 명씩 나오기 시작하니까 불안해지기 시작하더라구요. 워낙 많은 아이들이 희생이 됐고 지금 미수습자가 아홉 명이나 있는 것처럼 '내가 우리 아이를 정말로 이곳에서 우리 아이를 못 찾아가면 어떡할까'라는 그런 두려운 마음이 더 커지더라구요. 그때부터는 하느님한테 "하느님, 이제 어차피 살아서 돌아오지 못한다 그러면 제발 이 아이를 빨리 만나게, 만나서 돌아갈 수 있게 돌려주시라"고 그렇게 기도를 했고.

그러고선 며칠을 지나고 팽목항에선 많은 일들이 있었는데 구조하는 거, 지휘하는 거나 상황들은 제가 잘 많이 못 봐서 기억이 안나요. 그래서 며칠을 지나고 나서 (한숨 쉬며) 아이들이 꽤 많이 나오기 시작했죠, 17일, 18일 되면서부터는. 지금 생각하니까 아이들이 다 죽었으니까 하나씩 하나씩 건져 오는지, 잠수사들 투입을 했는지 어쨌는지 해서 아이들이 나오기 시작했고. 그리고 너무 이상했던 거는 아이들이, 낮에는 아이들이 안 나오고 밤에만 나와요. 작업하는 시간이 분명히 정조기라는 잠수하고 물살이 잠잠해지고 하는, 작업하기 정말로 좋은 시간들이 있는데도 불구하고 그 시간에는 뭘 하는지 아이들이 그렇게 많이 나오지 않다가, 부모들이 몇 날 며칠 싸우고 아우성치고 하니까, 한 지금 기억에 21일 날인가 이때부터는 꽤 많은 아이들이 나왔던 거 같아요. 그러다 22일 날이 한 5일째, 6일째 되던 날이잖아요. 그러니까 그때부터는 아이들이 하나씩 하나씩 나오니까 걱정이 되더라구요, 못 찾을까 봐. 그래서 간절히 간절히 또 빌었죠. "아들을 만나서 데리고 가게 해달라. 돌려주시라"고 막 기도를 하고 한 며칠 동안 잠도 제대로 못 자고 그랬으니까.

그날, 우리 아이가 나온 거는 4월 23일 날 자정 넘자마자 11분경에 발견이 됐다고 시간은 그렇게 적혀 있었는데. 그날은 잠을 맨날 못 자고 그러니까 좀 일찍 자려고 10시 정도에 아마 텐트에 들어가 가지고 누웠던 거 같애요. 그리고 자다가 그냥 어떻게 된 건지 모르지만 아무튼 그냥 잠이 깨이더라구요, 2시쯤 잠이 깨었어요. 그래서 그때부터는 처음에는 아이들을 우왕좌왕[하면서] 첫날에는 그렇게 데리고 왔다 그랬잖아요. 그리고 언제부턴가는 신상, (손짓하며) 이렇게 판을 만들어놓고 여기다가 주욱 아이들이 오는 순서대로 번호를 매겨가면서, 명찰이나 신분증이나 이런 게 있는 아이들은 신분이 바로바로 뜨지만, 그렇지 않은 아이들은 신분증도 없고 그런 아이들은 신상을 아이들 옷차림 이런 걸 쭉 적어놓고 그랬는데 수시로 거기 가서 현황판을 보는 거죠. 그때도 10시쯤 들어가서 텐트에서 잔 거 같애요, 자고. 그냥 잠이, 왜 그런지 모르지만 2시쯤 잠이 깼어요. 그래서 그 현황판에를 옷을, 바닷가 바람 엄청 추우니까 그 텐트를, 저희가 머무는 곳을 저희가 정하질 못해가지고 애 아빠도 그렇고 추운데 밖에서 며칠을 담요를 뒤집어쓰고 고생을 했는데, 다음에 텐트가 많이 들어오다 보니까 옆으로 멀리까지 텐트가 주욱 세워졌거든요. 저희가 텐트를 되게 멀리 있는 곳에 잡았었어요. 그래서 터덜터덜 옷을 이렇게 여미고서는 나와봤어요. 나와봤더니 124번에 영만이가 있었어요.

그래서 처음에 아이들이, 이십 며칠날 영만이 나오기 전에 아이들이 이렇게 자꾸 바뀐 경우가 있어요. 얼굴만 사진을 가지고 아이들이 누군지를 모르니까, 학교에서 증명사진을 가지고 나온 아이를 찍어가지고 학교로 보내면 학교에서 확인해 가지고 누구라고 이렇게…. 신분증이 없는 아이는 그렇게 확인을 하고 했는데, 그러다 보니까 DNA를 와서 채취를 하더라구요. 가장 정확하게 맞는 사람이 엄마, 그리고 아빠 이렇게 해서 엄마가 없는 아이들은 아빠 이렇게 DNA를 채취를 두 번인가 한 거 같아요, 기억에. 그래서 신상 이거 적으라고, 신상 이거 적으라고 DNA 검사할 때 설문지를 주는데 저는 생각을 하고 있었죠. 우리 영만이가 학생증을 아마 잊어버려서 그랬는지 학생증이 없는지, 안 가지고 다녔어요. 그래서 제가 생각을 하고 있던 게, 신상을 생각하고 있었지. 옷은 뭐 이렇게 입었을 거 같고, 우리 영만이는 어렸을 때 나면서부터 기관지 식도루라는 기형이 있었기 때문에 수술 자국이 여기 겨드랑이 밑에 한 20센티[미터]가량의 수술 자국이 있고, 여기 배꼽 위로 두 군데 정도 한 10센티쯤 안 되게, 10센티 미만으로 두 군데를 이렇게 수술 자국이 꿰맨 자국이 있었어요.

그래서 저는 생각을 하고 있었지. '아, 우리 영만이는 보면은, 엄마가 아들은 금방 알아보겠지만 이런 이런 신상에 그런 게 적혀서 나오겠구나' 그런 거 알고 있었고, 그래서 그때 자다가 그렇게 잠이 깨어서 갔더니 딱 124번에 우리 영만이가 있더라구요. 키는 175센티 이상에 얼굴은 갸름한 얼굴형에 그리고 제가 생각했던 것처럼 아디다스 추리닝, 옆에 빨간 삼선이 있고 티셔츠는 뭐를, 제가 생각을 못 했는데 까만 티셔츠 앞에 표범 그림인지 그림이 있다고 돼 있고, 제가 생각했던 것처럼 마지막에 "배에 10센티 정도의 수술 자국" 이렇게 써 있더라구요. 그걸 보는 순간에 '아, 우리 영만이가 왔구나' 그래서 정신없이 어떻게 갔는지 모르게, 텐트에 가서 아빠를 깨웠어요. "여보, 우리 영만이가 왔다고" (눈물을 훔치며) 그래서 우리 아이를 확인을 하러 가야 하니까, 처음에는 애들이 왔을 때는 어디다가 애들을 둘 수가 없어서 얘기 들어보니까 시멘트 바닥 같은 데에 애들을 뉘어놓고 했었다는데, 나중에 시간이 지나면서 아이들을 이렇게 잠시 안치하는 그런 텐트가 만들어졌어요, 팽목항 입구에. 거기 현장 상황 보는 데에서 입구까지는 조금 시간이 많이, 꽤 걸어가야지 되니까 걸어가는데, 아빠랑 둘이 가서 앞에서 기다리니까, "잠깐 기다리시라" 그러더라구요.

그래서 조금 있다가 들어오라고 그러는데, 가서 이렇게 딱 가운데에, 들어가자마자 가운데에 딱 있더라구요. 그러니까 영만이한테 너무 고맙고 끝까지 아들이 엄마를, 혹시 엄마가 그 수많은 아이들의 그런 시신을 [다 보지 말라고]. 다 제 생각이지만 그런 것도 고마워요. 우리 영만이가 들어가자마자 가운데에 탁 누워 있어요, 제 기억에 다른 아이들이 어떻게 누워 있었는진 모르겠어요, 다른 사람들은. 내가 우리 영만이를 거기서 바로 못 알아봤으면은 여기부터 여기까지 그 많은 아이들이 왔을 때, 그 아이들을 다 하나씩 하나씩 확인을 했어야 하는 상황인데 저는 딱 들어가자마자 딱 쳐다보니까 가운데에 딱 영만이가 누워 있더라구요. 그래서 가서 한참 아이를 보고 울다가 보니까 얼굴에 (눈물을 훔치며) 지금도 기억이 이렇게, 오른쪽인가 여기에 눈두덩이가 새파랗게 멍이 들어 있더라구요, 다른 데는 이상이 없어요. 그래서 제가 생각할 때 아이들이 "이렇게 몸에 이렇게 수술 자국이 있거나 그런 아이들은 공군 이런 비행기도 못 탄다" 그러고, 그런 얘길 들었고. "오랫동안 물에 있을 경우 잘못하면 수술한 데가 터질 수도 있다"고 그런 얘길 들었는데 그걸 보면서 생각을 했어요. 가가지고 여기 배에 옷을 이렇게 들어봤어요, 혹시 배에 겨드랑이 밑에 굉장히 수술 자국이 크게 있었으니까. 그런데 별로 크게 이상이 없더라구요.

그래서 배를 덮고 손바닥을, 손을 이렇게 만지면서 보니까 손바닥이 하얘. 그런데 그 당시는 왜 그랬는지 모르지만 누가 나가라고 한 것도 아닌데 그냥 거기서 내가 우리 애라는 걸 확인만 하는 절차처럼 내가 그 안에 그냥 들어갔다가 그냥 그렇게 보고 나왔어. 나와 가지고 구급차가 앞에 대기하고 있더라구요, 그걸 타라고. 그래서 우리 영만이를 뒤에다 싣고, 지금 생각하니까 그런 것도 애한테 너무 미안한 거예요. 아들을 더 가까이에서, 저보고 앞에 타라고 해서 그때 아무 생각 없이 앞에 탄, 조수석 옆에 제가 이렇게 옆에 탔는데 지금 생각하니까 너무 미안하고(울음). 병원까지 가는데 거기 1시간쯤 이렇게 걸리는데 아들을 더 많이 볼 수 있고 만져볼 수 있는 기회였는데, 앞에 타고 가다 보니까 그냥…. 병원까지 그냥 그렇게 가고. 우리 애기 아빠가 뒤에 영만이랑 같이 타고 갔어요(울음). 병원 가서 분명히 맞는데도 DNA랑 마지막에 더 정확히, 마지막에 확인한다고. 목포 한국병원에 가니까 형산지 뭐라고 하면서 사람들이 거기 기다리고 있더라구요. 가니까 그 DNA 확인한다고, 가족관계증명서 이런 거를 떼야 된다는데 어디서 떼왔는지 이 사람들이 준비해 가지고 와서는 자기들이 그 절차를 다 밟아주고 하더라구요. 그래서 아이들을 냉동고에 넣었는지 어땠는지, 제가 밖에 있다가 다시 안에 막 쫓아 들어가서 (눈물을 훔치며) "우리 애기 한 번만 보여달라"고 내가 그러니까 "보여드린다"고 뚜껑을 열어서 보여[줬어요].

그래서 그렇게 발견을 하고서는 안산에 와야 하는데 장례 치를 병원을 정해야 하는데 그날 애들이 꽤 많이, 21일인가부터 애들이 꽤 많이 와가지고는 안산에 장례식장이 없다고 그러더라구요. 그런데 저희가 여기 안산에 한도병원이 선부동에서는 꽤 큰 병원이에요. 한도병원에선 우리 집도 되게 가깝고 걸어서 한 7분? 이렇게밖에 안 걸리니까 한도병원에서 장례를 했으면 좋겠다고 그래서 알아보더라구요. 오늘은 영만이가 밤에 12시 넘어서 왔잖아요, 11분인가 왔으니까. 밤에 자정이 지나자마자 왔으니까 새벽에 그렇게 했고. "오늘은 저희가 안 된다"고, 장례 빈소가 마련이 안 되고 "거기 있는 애가 내일 발인을 하니까 그 아이가 발인을 하면 들어가라" 해서 알았다고. 애를 데리고 오는데 아빠랑 저는 거기서 마련해 주는 택시를 타고 오고, 우리 영만이는 구급차에 실려가지고 안산 한도병원에 가가지고 애를 냉동고에다가 넣어놓고 (눈물을 훔치며) 그랬는데 우리 큰아이가 그때 고3이었거든요, 학교에 기숙사에 있어가지고. 큰아이가 영만이가 왔다 그러니까 큰아이 담임선생님이 애를 데리고 왔더라구요, 장례식장으로.

　영만이 도착했을 때 왔는데 큰아이가 "영만이를 좀 보여달라"고 "보고 싶다"고 그래요. 그래서 (눈물을 훔치며) 많이 좀 생각을 했어요, 보여줘야 할지 말아야 할지. 그런데 얘가 그때 고3이었기 때문에 제가 공부에 이런 데 방해될까 봐 당연히, 이 상황에서 공부가 안 될 거 뻔히 알지만 그래도 고3이라는 그런 중요한 시점에 있기도 하고 그때가 애들이 사고 나고 16일이었고 우리 영만이가 4월 23일 날 왔으니까. 그러고 나서 5월 초엔가 첫 중간고사가 있고 하니까 저는 그런 게 다 걱정이 되고 하더라구요. 그때도 팽목항에를 주말에 오고 싶다 그러는 거를 제가 못 오게 했어요, 애가 그런 현장을 보게 되면은 정말로 비참할 거라는…. 그런데 지금 생각하니까 어차피 이렇게 이 비극을 겪어야 되고, 부모도 그렇지만 제가 벌써 이렇게 그 일들을, 그 비참한 일을 제가 잊어버리고 조금씩 조금씩 시간이 지나면서 잊어버리고 있는데, 생각은 그래요. '정말로 똑똑히 보고 똑똑히 기억해야 할 것 같다'는 생각이 드는데 그게 잘 안 되니까. 우리 큰아이한테도 물론 마음의 상처가 되고 아픔이 될 수 있겠지만 동생에 대한 그런 기억을… 비록 아픈 기억이지만 그래도 얘도 봐야 되지 않을까 하는 그런 생각이 지금 들어요.

　그때는 팽목항에 오면 애가 상처받고 할까 봐 그렇게 못 했는데 그렇게 애를 보여달라 할 때에도 잠시 고민을 했어요, 애를 보여줘야 할지 말아야 할지. 그런데 나중에 생각은 "그래도 봐야 되겠다" 하니까 "그래 어차피 마지막인데" 안 보여줘도 후회할 거 같단 생각이 들더라구요, 그래서 보여줬어요. 보니까, 이미 하루 그날 와서는,

그날 못 보고 그다음 날 봤나? 그날 저녁때 봤는지… 그날 저녁때 봤겠구나, 다음 날 저걸[입관을] 했으니까. 그날 저녁때 가가지고 보여줬어요, 애를. 영만이가 냉동고에 있었는데 가서 보여달라고 하니까 보여주더라구요. 그래서 보낼 때도 지금 생각하니까 애를 많이 못본 거예요. 냉동고에 있을 땐 얼마든지 볼 수 있었고 그랬는데 보여주니까 우리 큰애가 난리가 났죠. 엄청 울고 그런데 그때는 이미 멍이, 눈에만 파랗게 멍들어 있던 게 멍이 조금씩 얼굴에까지 이렇게 내려와 있더라구요.

지금도 그게 너무 이상한 게 그 당시에 사람들이 그 안에서[세월호에서] 계란 썩는 냄새가 났다고 했고 "쿵" 하는 소리가 났다고 했고 지금도 여전히 그것에 많은 의문을 갖고 있잖아요. 그게 잠수선이나 뭐와 충돌이 있었을까, 아니면 밝혀지진 않았지만 오렌지맨[고의침몰설의 중심인물]이란 사람이 그 배 안에서 어떤 역할을 하고서는 그런 복장으로 구조가 됐을까. 이런 의문점을 가지면서 사람들이 방사능인가? 어떤 화학적인 안에서의 그런 압력이나 그런 거에 대해서, 아이들이 그런 증세가 방사능에 [의한 것 같은] 그런 증세가, 이빨이 몽창 빠지기도 하고 머리카락이 한 줌씩 확 빠지기도 하고 부분적으로 그렇게 멍이 들기도 하고, 그런 얘길 그런 데에서 많이 듣고, 인터넷이나 이런 데에서. 지금도 여전히 그 생각이 떠나질 않아요. 눈에, 그래서 만약에 생각하는 것처럼 그게 물건이나 이런 데 부딪쳤다 그러면은 상처가 있어야 되는데 상처는 없고 그냥 여기만 새파랗게 멍이 들어 있으니까, 그게 너무 이상한 거예요. 지금도 어떤 아이들은 아무튼 이가 몇 개씩 빠졌다는 아이들도 있다고 하고 머리가 한 움큼 군데군데 빠져 있는 아이들도 있었다 그랬고, 그랬을 때 그런 게 지금도 여전히 왜 그랬을까라는 그런…. 눈에만 새파랗게 동그랗게 멍이 들어 있었거든요, 그리고 얼굴에 상처 같은 게 없고. 정말로 물건에 만약에 콱 부딪치거나 그랬다면 얼굴이 찢어지거나 그랬을 텐데, 그렇지 않고.

그래서 그 당시엔 생각할 때 이 멍이 이렇게 새파랬어요, 새카맣지도 않고. 그랬으면은, 그러면서 오히려 그게 참 힘든 생각이었겠지만 그 당시에는 얼마 지나지 않아서 그 생각이 들었어요. '이 아이가 오랫동안 살아 있었나?' 왜냐면은 이런 피부나 이런 것도, 숨을 쉬고 살아 있어야지 멍이 드니까. 그 당시도 새파랗게 멍이 들어 있고, 까맣지도 않고 그러니까 '얘가 오랫동안 살아 있었나 보다' 그런 생각을 했었는데, 지금 생각하면 오히려 그게 더 비참한 생각이었던 거 같애. 차라리 빨리 그 안에서 그냥 기절해 가지고 어쨌든 그랬든, 빨리 숨을 거뒀더라면 그 안에서의 상황이나 옆에서 친구가 한 명씩 죽어가는 거나 그런 걸 못 봤을 텐데… (눈물을 훔치며) 고통스럽게 가야 되면서 그 안에서 그걸 다 지켜보고 얘가 갔다면, 지금 지나고 나서는 그 생각이 들더라구요(울음). 얼마나 고통스러웠을까…. '차라리 어차피 이렇게 갈 거였으면은 어디에 상처나 머리를 맞아서 기절을 했으면 차라리 빨리 숨을 거뒀으면은 차라리 좋았겠다' 그런 생각도 이제야 드는 생각이에요. 그런데 그 당시엔 그걸 보면서 '얘가 오랫동안 살아 있었나' 그런 생각을 했는데, 그 생각이 지금은 그렇게 생각하면 더 괴롭죠. 차라리 빨리 갔더라면, 갔으면 좋았을걸.

나중에 다시 만나게 되면 꼭 물어보고 싶어요. 그 마지막 그 순간에 (눈물을 훔치며) 부모들이 다 생각하는 게 '그 배 안에서 애들이 좀 덜 괴로웠으면' 그런 생각을 하고 있는데, 우리 아이의 마지막 최후의 순간은 어땠을까 그걸 상상하면 너무 괴롭지만 그래도 궁금해요, 애기가 그 순간에 마지막에 어떻게 갔을까. 그렇지만 생각은 덜 괴로웠으면, 차라리 사고 났을 때 그때 바로 그렇게 떠났으면 그런 생각이 들고.

6
아이의 장례 절차, 그 과정에서의 감정들

영만 엄마　　　　그래서 영만이를 데리고 와가지고, 냉동고에 넣어놓고 집에 오니까 며칠 동안 집을 비워놨으니까 집이 엉망이잖아요. 참 저도 무슨 정신에 그랬는지 모르지만 집에 가가지고 청소를 다했어요. 그날 베란다고, 베란다 청소랑 집 청소랑 다 해놓고 내일이면 우리 영만이를 보내는 준비를 해야 하니까 집을 다 치우고. 그날 저녁때 우리 큰애랑 같이, 그날이 수요일이었어요 영만이가 왔던 날이. 그날 교회에 가서 저녁 예배를 드리고 밖에서 저녁을 먹고 그러고 집엘 들어와 가지고 다음 날 아침에, 우리 영만이가 들어가는 데가, 21날, 시연이가 21날 들어왔나 봐요, 김시연이가 장례를 다 치르고 나간 방이었어요. 시연이 나가자마자 우리 영만이가 들어간 거죠. 그리고 24일 날부터 한도병원에 백합실이었나? 빈소가 마련이 됐어요. 그래도 그때는 여전히 아무것도(울음) 완전히 실감 나지 않고 그냥 꿈만 같았지, 우리 아들이 이렇게 됐다는 게….

정신을 못 차려가지고 계속 응급실에 가가지고 링거를 맞고 계속 그러고 있으면서 그것도 너무 아이한테 죄스럽고 너무 미안하고, 지금 그 생각도 여전히 아이한테 너무 죄스럽고 미안하고. 어디서도 이야길 했지만 그 3일 동안 아들을 영원히 보내는데, 3일을 못 견뎌 가지고 응급실에 내려가서 그렇게 누워가지고 링거 맞고 아이 빈소를 못 지켜주고, 지금도 그런 게 너무 많이 미안하고 영만이한테 너무 죄스럽고. 지금도 생각하면 그런 생각밖에 안 들어요. 죽으면 죽었지 아이의 마지막 떠나는 그 길을 그렇게 매일매일 못 지켜주고 그랬단 거 너무 미안하고 그런 생각이 들어. 그리고 나서 애를 볼 수 있는 시간은 없었는데 27일 날, 24일 날, 25일이구나. 25일 날 입관을 한다 하더라구요. 그런데 입관이 뭔지 이런 거, 입관이 뭔지 알긴 알지만 과정이나 순서는 잘 모르니까, 생각에 그런 생각하고 있었죠. 우리 영만이를 볼 수 있는 때가, 제가 우리 시어머니 저거 할 때, 시어머니 돌아가셨을 때 그걸 봤거든요. 입관, 염한다 하잖아요, 염하고 할 때 다 보잖아요, 지켜보는 가운데 하잖아요. 전 그걸 생각하고 있었어요. 그러면 우리 아들 다시 보니까.

1시인가 입관한다고 전날엔 얘길 했는데, 25일 날 입관한다고 1시 들어오라 하더라구요. 그래서 저는 입관하고 염할 때, 왜 저승길 가는 길에 노잣돈 하라고 그랬잖아요. 그래서 그 생각하고서 들어가기 전에 그 사람이, 장례 진행하시는 분이 그 얘길 하길래 아빠보고 "여보, 만 원짜리 몇 개 좀 달라"고 그랬더니 그분이 그냥 들어오셔도 된다고 하더라구요, 그래서 들어갔어요. 들어갔더니 우리 영만이를 다 싸놓은 거예요(울음). 얼굴만 냄겨놓고 애를 다 싸고 옷도 벌써 수의를 다 입혀놨더라구요. 그래 가지고 애를 만져보지도 못하고 그냥 얼굴만, 얼굴만 그냥 보게 됐죠. 지금도 그게 너무너무 마음이 아쉽고, 얼굴은 그 멍이 며칠 지나가지고 여기까지 다 거무스름하게 다 내려왔더라구요. 그냥 얌전하게 편안하게 눈감고 그러고 있었고 우리 아들 손도 못 잡아보고 얼굴만 비비다가 마지막 인사 하라고 그래서 그냥 아이한테 인사하고 (눈물을 훔치며) 그러고서는 돌아서는데 "파란 비닐봉지에다가 애 옷을 입었던 거를 담아놨다"고, 저보고 어떡할 거냐 그러더라구요. 그래서 제가 "옷을 가져갈게요" 하니까 저 옆에 시누 형님들 다 계시는데 "그걸 뭐 하러 가져가냐, 여기서 그냥 처리하게 두라"고 그래서 그때는 아무 생각 없이 그러라고 놓고 왔거든요. 그런데 그것도 너무 후회되는 거예요, 나중에 생각하니까. 가지고 와서 내 손으로 다 빨아서 내 손으로 깨끗하게 해서 보내줄걸, 그 사람들이 어디 쓰레기통에다 처박았는지 어쨌는지 그랬겠죠, 그런 것도 되게 후회되고.

그리고 지금도 궁금한 거는 영만이가 그 배 안에서 CCTV 나온 걸 저희가 봤거든요. 배 안에서 CCTV 나온 걸 봤는데 CCTV에 아침에 영만이가 일어나 가지고, 아침에 일어나서 밥을 먹었나 봐요. 7시 40분인가 얼마쯤? 46분인가 이때쯤에 매점에서 친구들이랑, 친한 친구 애들 그 절친 한 여덟 명 있거든요. 아까 얘기했던 성호하고 김창헌, 8반에 있는 창헌이, 고우재, 민성이 이런 애들이랑 승혁이 그런 절친들, 1학년 때부터 친했던 친구들이에요. 같이 아침을 먹었나봐. 거기 매점에 가지고, 매점에 둘러봐 가지고 뭘 사는 걸 제가 CCTV 통해서 봤어요. 거기 영만이가 이렇게 아디다스 추리닝 바지

옆에 지퍼가 있었는데 얘가 지갑이 없어서, 지갑을 안 가져갔거든요. 그래서 돈을 여기 지퍼가 있으니까 여기서 돈을 꺼내서 계산을 하려고 과자를 샀는지 뭘 샀는지, 사고는 계산대 앞에서가 아니라 통로 과자 사는 데에서 돈을 꺼내가지고는 돈을 먼저 세더라구요. 그런 거 보니까 돈이 분명 주머니에 들어 있었을 거 같은데 이거를 그때 그런 사람들이, 처음 애가 수습돼서 왔을 때에도 분명히 아이들의 이런 신상이나 신분증 이런 거 때문에도 주머니가 있으면은 뒤져봤을 것이고 여기 병원에서도 보지 않았을까 싶은데. 분명 돈이 남았을 거라고, 돈을 다 쓰진 않았을 건데 돈이 안 나왔어요.

분명 주머니에 뒀을 거 같은데 다른 데 주지 않았을 거고, 지퍼가 있었으니까 지퍼 주머니에 넣었을 거 같은데. 그래서 혹시 이 사람들이 병원에선 보지 않고 저길 했을 거고, 거기 처음 왔을 때 해경에서 수습했을 때에는, 우리 영만이가 되게 날씬하거든요, 날씬하고. 여기 아디다스 이런 거는[옷의] 지퍼가 말끔하게 돼 있잖아요, 딱 붙어가지고 그러니까 지퍼를 아마 못 봤을 수도 있고 그래요, 기억에. 그래서 그것도 되게 후회되는 거예요. 돈이 아까워서가 아니라 그 바지에 아마 그게 있었을 수도 있는데 확인을 못 한 게. 그래서 그 바지를 그냥 버렸으니까 그것도 되게 후회가 되고 아쉽고. 모든 부모가 다 똑같을 거 같애. 다 아쉬운 거 투성이에다가 미안한 거 투성이. 부모로서 더 많이 잘해주지 못했던 거.

그렇지만 지난번에도 얘기했는지 모르지만 나는 이 세상에서 가장 사랑했던 사람이 우리 아들이었기 때문에, 장례식장에 오셨던 선생님들 만나는 분들한테 우리 영만이한테 이렇게, "우리 영만이 정말로 많이 최선을 다해 사랑했기 때문에 후회는 없다"고 제가 그렇게 얘긴 했는데, 정말 후회는 없지만 행복한 날들을 함께할 수 없다는 게 아쉽고 마음이 아프고 그래요. 그렇게 해서 그냥 영만이를, 24일 날부터 빈소가 마련되고(한숨) 26일 날 토요일 날 발인을 했죠. 수원 연화장에 가가지고 화장을 해가지고 그리고 지금은 서호추모공원에 안치되어 있는데, 이것도 추모공원에 갈 때에도 처음에 어떻게 가야 되는지 어디로 가야 되는지 이런 것도 생각이 없었는데 그냥 정해지는 대로 가라고 해서 서호추모공원에, 지금 평택에 있어요. 시설도 잘되어 있고 관리도 잘하고 있고 그래서 걱정은 없는데 한 가지, 제가 멀어서 그리고 제가 차가 없다 보니까 가고 싶을 때 마음대로 갈 수 없다는 게 애한테 그것도 너무 미안해요. 자주 못 가봐 가지고 되게 미안하고 그래요(울음).

면담자　　　　오늘 구술은 이렇게 마무리하도록 하겠습니다.

3회차

2016년 6월 9일

1   시작 인사말

2   최근 근황 및 인간관계에서의 고민

3   4·16기억저장소 활동, 직장 복귀 등 거취의
    고민

4   참여 중인 세월호 활동

5   건강상의 문제

6   특별히 기억에 남은 일화, 화났던 기억

7   후회와 아쉬움

8   세월호 사건이 가져온 변화

9   진상 규명의 의미

10   앞으로 삶에서 추구하고 싶은 목표

1
시작 인사말

면담자　　　본 구술증언은 4·16 사건에 대한 참여자들의 경험과 기억을 기록으로 남김으로써 이후 진상 규명 및 역사 기술에 기여하고자 합니다. 지금부터 이미경 씨의 증언을 시작하겠습니다. 오늘은 2016년 6월 9일이며, 장소는 안산시 단원구 세승빌라입니다. 면담자는 이영롱이며, 촬영자는 김솔입니다.

2
최근 근황 및 인간관계에서의 고민

면담자　　　어머니께서는 최근에 어떻게 지내고 계시나요?

영만 엄마　　요즘에는 2주기 지나고 그런, 많이 힘들어지긴 했어요. 그리고 많은 2년 동안이라는 시간들을 보내오면서 그때는 정신없이 그냥 그래도 열심히 여기 4·16가족협의회[4·16세월호참사가족협의회]에서 어떤 일이나 이런 것들이 있어서 열심히 쫓아다니고 하긴 했는데, 2주기 지나면서부터 아무튼 트라우마 이런 거를 접하게 되고 그냥 간간이 그런 것들이 생활 중에 있는 것 같아요. 그 트라우마가 그냥 문득 오늘 아침에 같은 경우도 그냥 밥하려고 그러다가 갑자기 애가 좋아했던 음식이 생각이 나거나 그럴 때가 되게 많고. 그래서 아침에 굉장히 많이 힘들어했는데 그러다 보니까 2주기 되면서는 좀 많이 맘도 힘들었구, 그리고 간담회나 그런 게 예전처럼 그렇게 많진 않아요. 그래도 제가 신앙이 있다 보니까 2주기 되면서부터, 2주기 때쯤부터, 2주기 돌아오면서부터 간담회가 굉장히, 2주기가 돌아오면 특별한 그런 날이 다가오니까 아무튼 여기저기서 간담회들이 굉장히 많았거든요.

그때는 그래서 주로 교회에서 아무래도 신앙이 있는 사람은 간담회 요청을 하는 경우가 꽤 대부분이에요. 그러다 보니까 2주기 때 같은 경우는 전후로 해서 굉장히 많이 바빴고 교회에 간담회 주일마다 간담회 가서 하루에 진짜 간담회를 여기 경기권에서 가까운 데서 하고, 지방에 저녁때, 한 7시 때 오후에 예배 시간에 가서 간담회도 있고. 하루에 두 건의 그런 간담회를 소화하기도 하고 지금 거의 한 달 동안도 계속, 지난주에는, 지난주 일요일만 간담회를 안 갔구나. 그리고 그 지난주에도 일산 교회 간담회 갔었고 그 전주에는 또 광주 거기도 아침에, 새벽에 못 가니까 아침하고 11시 예배, 3시 간담회 이렇게 하기로 돼 있어서. 광주에서 하게 되어가지고 아침에 6시 반쯤 나간 것 같아요. 그래서 6시 반에 나가서 두 군데 간담회 하고 그 전주에도 전주 간담회 하고, 거의 계속 주일마다 간담회 있어서 많이 바빴고.

근데 평일 날 같은 경우는 예전처럼 그렇게 간담회가 많지는 않아요, 지금은. 그러다 보니까 그런 거에서 조금 뭔가 정신없이 이렇게 움직여야 하고 그러는데도 불구하고 그러지 않을 때, 그럴 때 사람들은, 주변에서 사람들은 또 이야기할 때 "좀 쉬어야 된다"고 쉬라고 하는데 쉼을 생활 중에 그 쉼을 잘 할 수가 없어요. 그러니까 마

영만 엄마 이미경

음 가는 데 여러 가지 트라우마나 이런 것 때문에 그 쉰다는 게 그냥 쉬는 게 아니라 그냥 집에 있으면 더 힘들구, 뭐 그렇더라구요. 그래서 그냥 '정신없이 뭔가 할 수 있는 일이 차라리 있었으면' 하는 그런 생각들을 요즘에 되게 많이 하고 아무튼 그렇게 하면서 되게 많이 어려움을 많이 겪었죠. 그리고 사실은 가족들 간에, 전에도 이야기를 아마 한 적이 있었을 텐데, 가까이 지내던 가족들한테 지내면서 보니까 사람들한테 대한 상처가 되게 많더라구요. 물론 우리가 다들 좋은 일로 만난 사람들이 아니고 이렇게 슬픔, 이렇게 고통을 함께 하는 사람으로 만나다 보니까, 작은 거라도 받아들일 마음의 그런 여유가 없어서 그런지 어쩐지 모르겠지만 제가 볼 때에는 이해할 수 없는 그런 사람들이, 그런 행동과 그런 사람들이 꽤 있더라구요, 주변에.

처음에는 그냥 누구 엄마, 아빠로 지낼 때는 몰랐지만 가까이 친해지고 저도 꽤 오랫동안 같이 지내고 하면서 지내다가 보니까 그 사람 성격을 알게 되고, 그러면서 굉장히 독특하고 정말 조울증이, 뭐 우리가 다 이렇게 트라우마가 있긴 하지만 더 깊이 아마 그거를 감정 조절을 잘 못 하는 것 같은, 그래서 그런진 모르겠지만 아님 본래 성격일 수도 있고. 그런 데서 오는 가족들 간에, 한때 가깝게 지내던 사람한테서 받게 되는 그런 상처? 이런 것 때문에도 사람들 만나는 것도 너무 싫고, 아무튼 가족들 간의 관계 때문에 저도 상처가 되게 깊었어요, 한동안. 〈비공개〉 그래서 좀 그게 요새는 그런 것 때문에 많이, 마음도 되게 힘든 가운데 더 [저를] 힘들게 하지 않나 그런 생각이 들어요, 그런 부분들이.

아마 가족들은 저뿐만이 아니라 공방에서 있는, 여러 가지 엄마 공방에서도, 물론 엄마공방에도 사실은 나오는 사람들만 대부분 나와서 활동을 하고 있고, 아마 그런 걸로 알고 있거든요? 저도 가끔은 가긴 하지만 이번에 '엄마랑 함께하장'이라고 해서 두 번째 '엄마랑 함께하장'을 진행을 했었을 때처럼, 그때도 제가 저는 후원 물품해서 판매 담당을 제가 했었는데, 그거야 나가가지고 작품을 만들거나 꼭 그런 일은 아니니까 공방엔 전 잘 안 가게 되더라고요. 그리고 얘기했던 거처럼 [아이들] 아빠가 낮 시간에 집에 있고 한 3, 4시 돼야 직장을 나가다 보니까, 되도록이면 진짜 밥은 점심때도 밥 챙겨주고 하려고 그렇게 하려고 하다 보니까 공방에 특별한 일 없으면 잘 안 나가게 되더라고요. 그리고 저희 기독교 예배 이런 것 때문에 그런 시간에는, 목요일하고 주일날 같은 경우에 그렇게 해서 시간을 보내고는 있어요. 나름 그래도 기독교 예배실에서 함께하시는 분들 때문에 많이 위로가 되고 사실은 위로를 많이 받고 있어요. 그래서 [세월회] 가족들 안에서 그런 갈등들이, 보이지 않는 그런 갈등들.

그리고 지금 공방 이야기를 하다 말았지만 공방에도 주변에 집에서 있고 공방에 나오지 못하는 사람들, 그러니까 같이 함께 어울리지 못하는 [유가족들은] 그런 이유가 분명히 있을 거예요. 그거에 대한, 물론 지금 공방장님이 너무 잘하고 계시지만 어느 순간엔가는 이렇게 함께 섞이지 못하게, 분위기나 이런 것 때문에 못 가는 사람들도 있지 않을까 싶어요. 저 같은 경우야 저는 가고 싶으면 가고 안 가고 싶으면 안 가고 그런 것 때문에, 저의 성격상 제가 쭈뼛거리고 그러는 사람은 아니지만 주변에서 이렇게 이야기를 들어보면 "공방도 이제 예전 같은 느낌이, 분위기가 아니다" 그래서 가기가 힘들다고. 그러다 보니까 그 '엄마랑 함께하장'도 벌써 두 번째 진행이 되면서 팀이 벌써 구성이 됐어요. 냅킨아트면 냅킨아트, 퀼트면 퀼트 뭐이렇게 우드번이면 우드번, 그게 팀이 벌써 꾸려져서 구성이 되다보니까 그 엄마들이 주축이 돼서 하게 되잖아요. 예전 같으면, 처음에 초창기 때는 공방, 유가족 대기실[이라고] 하면 엄마나 아빠나 누구나 그냥 와서 그냥 정말로 쉴 수 있고 그냥 같이 이야기할 수 있고 그렇게 알았는데 지금들은 그렇게 프로그램, 그런데 프로그램들을 누가 하라, 마라 하는 건 아니에요. 본인들이 하고 싶으면 얼마든지 그 프로그램에 참여를 할 수가 있지만 자꾸 안 나오다 보면 그 안에 이렇게 섞이기가 조금 쉽지 않은 것 같애, 주변 엄마들 얘기를 들어보면.

그러다 보니까 프로그램을 하지 않게 되면 굳이 공방에 나가지지가 않더라구요. 프로그램을 위해서 하려고 그러면 나가지만, 그렇지 않으면…. 근데 어떻게 해야 되는지 모르겠어요. 전문가들 얘기나이런 경우를 봤을 때에는, 그냥 끝까지 같이 가려고 그러면 그 안에서 무얼 하든, 무얼 하더라도 아니면 무얼 하지 않더라도 그냥 함께늘 모여서 이야기할 수 있고 논의할 수 있고, 이런 외로움이나 힘든 것 함께 달래고 이렇게 해야 된다고 하는데 그 말도 조금 어떨 때는, 깊게 골똘히 생각해 볼 때 주변에서 다른 사람들의, 밖에서 그런 일반 사람들에게서 듣는 이야기를 가만히 생각해 보면, 그 말도 가끔은이렇게 깊게 생각을 해볼 때가 있어요. 어떤 이야기인가 하면 "저희 가족들끼리 계속 그 안에서 있으면 늘 그 생활과 그 이야기와 거기서

벗어나지, 헤어나지 못한다"는 이야기를 주변 사람들이 많이 저한테
도 많이 하거든요? 그치만 그게 되게 힘든 게, 밖의 일, 우리가 이미
벌써 밖에 나가서 누구 일반인과 만나서 아무렇지도 않고 예전처럼
의 그렇게 [되는] 만남은 쉽지가 않아요. 저도 전에도 얘기를 했었던
거 같은데 모임이나 이런 걸 가더라도 그냥 자연스럽지가 않고 그냥
뭔가 그 자리가 편하지가 않은 게 많거든요, 그럴 때가?

　　그 사람들이 나를 이해하든 안 하든을 떠나서 제가 스스로 자격
지심? 이런 것 때문에. 그래서 일반인들과 만약에… 모르겠어요, 제
가 직장을 그냥 다닌다 그러면 직장생활을 하면서 그 안에서는 어떤
조금씩 조금씩 그런 변화나 이런 게 있다, 그러면 그런 게 정말 치유
가 될 수 있고, 조금이라도 치유가 될 수 있고 좀 나아질 수 있고, 일
반 사람들과의 그런 관계나 이런 것들이 많이 편안해질 수 있을 수
있겠지만, 직장을 다니지 않고 늘 이런 상태에서 내가 집에 있다가
공방에 가가지고 가끔 엄마들 만나서 지내고, 그러고 나서 다시 일
반 아는 지인들을 만나게 되거나 그럴 때 그 관계가 편해지지 않을
것 같다는 생각이 들어요. 그래서 요즘에는, 아까 저도 처음에 얘기
를 시작했을 때처럼 할 일이 지금, 이렇게 내가 정신없이 미친 듯이
내가 여기 매달려야 될 만큼 지금, 물론 뭐 하려고 그러면 뭘 찾아서
하더라도 할 일은 있어요. 그렇지만 언제부턴가 많이 제가 그만 내
려놓고, 아시다시피 [4·16]기억저장소도 소장, 제가 [소장직을] 내려놓
고 하면서 그냥 동력이 좀, 제 스스로의 저기가[동력이] 좀 떨어진 거
같은 생각도 들어요. 그러면서 '언제까지 내가 이렇게 그 일에만 매
달려서 내가 할 수 있을까?'라는 그런 생각을 요즘에 되게 많이 해

요. 골똘하게 그러면서 직장을….

3
4·16기억저장소 활동, 직장 복귀 등 거취의 고민

영만 엄마　　그리고 아까 얘기했던 가족들 간에 상처받고 그런 관
계 때문에라도, 그냥 이곳에만 매달려 있고 이 [세월호] 부모님들과
의 관계를 계속 내가 지속을 한다 그러면, 내가 이 트라우마나 이런
거에서 벗어나지 못할 것 같은 생각이 들어요. 그래서 되게 요새 많
이 고민을 하고 하는 한 가지가 그거예요. 그래서 그냥 '직장에서 일
을 할 수 있으면, 내가 일을 다시 해볼까?' 그렇다고 해도 내가 진실
규명을 한다든가 여기에, 지금 아시는 것처럼 주말에 토요일, 일요
일 같은 경우에는 충분히 여기에서 4·16가족협의회 차원에서 일이
있거나 지금처럼 간담회가 있거나 그러면, 얼마든지 내가 얼마든지
하려고만 한다 그러면, 시간을 낼 수 있고 하지만 마음껏 하고 싶은
만큼은 못 하겠죠. 여기에 엄청 많은 갈등이 많아요, 사실은. 그니까
직장을 지금 같은 여러 가지 그런 이 가족들 간의 관계, 이 안에서의
이런 관계, 이런 불편한 관계나 상처받고 하는 것 때문에라도 직장
을 가고 싶은 생각과, 직장을 가면 일단은 직장에 매이잖아요? 매이
게 되면 내가 그렇듯 세월호가족대책위에서 내가 하고 싶은, 내가
할 수 있는 만큼은 그래도 뭐 100프로는 아니더라도, 내가 할 수 있
고 하고 싶을 만큼 내가 여기에서 [진상 규명 활동을] 하지 못하는 거
에 대한 그런 갈등을 되게 많이 지금 하고 있는 거예요.

그래서 지금 생각은 '그래도 직장을 일단 다시 [다녀보기로] 얘기를 할까' 그런 생각을 가지고 있어요. 처음에부터라도, 처음에 이렇게 사건 겪고 나서도 처음에는 이런저런 생각을 할 수 없었지만 조금씩 조금씩 지나면서 제가 제 성격을 가장 잘 알잖아요. 구술 두 번하는 동안에 저의 생활 태도나 이런 것도 얘기를 했었었지만. 그냥 저는 일을 아주 잘하는 사람이고, 일하는 거에 있어서 일을 할 때 제 스스로가 그런 에너지나 이런 거를 제가 스스로가 받는 사람이기 때문에 그냥 이렇게만 내가 이 [진상 규명] 일에, 이 보이지 않는 이것도 포기할 수 없는 일이라는 거는 분명하지만, 보이지 않는 일에 내가, 여기에 그렇다고 내가 올인하면서 매진할 수 있는 능력? 그거는 좀 아닌 거 같다는 생각이 들어요. 그렇지만 하고 싶은 만큼은 내가 해야 되는 거는 맞는데, 다른 사람처럼 내가, 이렇게 여러 가지 이유가 있어요, 이렇게 맡지 못하고 하는 것도.

반 대표도 맡아봤고 기억저장소 소장도 해봤고 여러 가지를 했지만, 그거를 100프로 소화하려고 그러면 하기 싫은 것도 해야 되고 다 하지만, 그러다 보니까 그 책임이라는 게 아무튼 그렇잖아요. 책임을 맡게 되면은 그거를 내가 다 다른 거를 다 포기하면서 매달려야 되는 건 맞는데 그건 또 잘 안 되더라고요. 다른 사람들처럼 여러 가지 이렇게 왔다 갔다 하고, 교통 이런 거, 회의가 있으면 회의도 제가 반 대표 하면서 회의를 막 3, 4시간씩 하는 거예요. 제가 그거에 너무 완전히 스트레스가 엄청 되더라구요. 끝나지도 않는 일, 이게 물론 끝나지 않는 이야기지만 뭔가를 주제가 있어서 그 얘기를 하면 1, 2시간 만에 끝나지가 않더라구요. 매번 똑같은 소리를 하면

영만 엄마 이미경

서 한 4시간씩 사람을 힘들게 하니까 그거는 싫더라구요. 전 반 대표를, 반 대표가 하기 싫은 게 아니라 회의에 가가지고 그렇게 어떻게 보면, 그게 무의미한 거는 아니지만 아무튼 그렇게 빨리 그렇게 결론짓지 못하고 그러니까. '함께' 그러니까 이게 참 어려운 일인 거잖아요. 이게 '1이야, 2야?'를 선택하는 게 아니라 끊임없이 생각하고, 서로 고민해야 되는 건 맞는데 저는 그건 좀 아닌 거 같더라구요.

그래 가지고 반 대표도 그래서 싫더라구요. 회의 가가지고 허구한 날 회의 있고 3시간, 4시간씩 붙잡혀 가지고 회의해야 되고 그렇다 보니까. 그래야지만, 진상 규명을 하려고 그러면 그렇게 해야 되겠지만 뭐든지 내 거를 포기를 해야지 되겠지만, 저는 그거는 좀 안 맞는 것 같았어요, 그래서 반 대표도 그런 것도 저런 것도. 그래서 제가 반 대표도 얼마만큼 하다가 내려났고 기억저장소도 역시 마찬가지로, 이것도 기억저장소 소장 맡고, 맡으면서도 제가 하고 싶은 만큼 역량이 안 되는 것 같았어요, 제 생각에. 그렇다 보니까 여기 기억저장소도 늘 회의가 있고…. 근데 그 기억저장소 안에서 하는 일에 대해서도, 기억저장소 소장이라 그러면 정말로 그 안에 있는 모든 거를 내가 다 파악을 다 하고 있어야 되는 거잖아요. 근데 그거는 안 되고 그냥 들러리처럼 가서 그냥 그러는 것도 저는 제가 용납을 못 하게, 제가 그러기 싫더라고요. 그러니까 제가 제 역할을 그 안에서 충분히 못 하는 것에 제 자신 스스로의 그런 실망과 이런 것 때문에 또 제가 기억저장소 소장을 그만둬야 되겠다고. 물론 제가 처음에도 하고 싶어서 해서 한 건 아니었지만, 예은이 엄마나 누구의 권유로 어쩔 수 없이 제가 기억저장소 소장을 맡게 됐었지만 그래도 제가 거기서 제 역할을 충분히 하지 못하고 있는 거에 대한 그 자리가 굉장히 불편했었어요. 그래서 그것도 이제 내려놓게 됐고.

지금도 여전히 맞아요. 그래서 제가 앞으로는 무슨 책임을 맡을, 맡지 않으려고 그래. 그냥 내가 하고 싶고 내가 할 수 있는 것만 하려고. 이런 책임을 맡다 보니까 하고 싶지 않아도 아까 얘기한 것처럼 해야 되고, 가고 싶지 않아도 가야 되고 나서서 해야 되고 그러니까. 그런 거 맡는 건 아니고 제가 지금 얘기한 것처럼 직장을 다니면서 내가 하고 싶은 일을 내가 할 수 있을 때 내가 할 수 있을 만큼 해야 되는 게 아닌가, 그런 내가 결론을 내리면서 아무튼 참. 그래서 '다시 직장을 복귀를 해야 되겠다'라는 생각, 여러 가지 이유가 있어요. 직장을, 그런 생각을 하기까지는 이렇게 가족협의회와의 관계, 가족들 간의 관계, 여러 가지 그런 관계 속에서 제 스스로 이런 걸 많이 생각하면서 그런 결론을 내게 됐어요.

4
참여 중인 세월호 활동

면담자   현재 정기적으로 참여하시는 활동이 있으신가요?

영만 엄마   '4·16합창단'. 제가 노래하는 거 되게 좋아하고 예전에 노래도 엄청 제가 잘했고, 제가 꿈이 성악가였었거든요, 어렸을 때. 노래하는 걸 좋아하고 그래서 노래 합창도 처음에 제가, 그것도 지금 4·16연대[4월16일의약속국민연대]에서 일하는 오지숙 씨가 '네버 엔딩 스토리'라는 그걸로 영상을 만들면서 합창단이 만들어지게 됐어요. 그래서 그때 영상에 들어가는 사진이며 그런 거 제가 다 수집하고 부모들 거 [수집]하면서 그렇게 만들어지게 됐고. 4·16합창단이 만들어지고 가족끼리 하다 보니까 가족들끼리에는 안 될 것 같은…. 능력이 안 되니까. (웃으며) 아무튼 부족하니까, 그 '평화의나무 합창단'이라고 한겨레신문사에서 운영하는 합창단이에요. 그 합창단이 주로 사회적인 문제나 이렇게 연대가 필요한 곳에 그런 민중가수들처럼 그렇게 활동하는 합창단이어서, 되게 뜻깊은 그런 의미를 가지고 있는 합창단인거 같애. 그래서 그분들과의 '네버 엔딩 스토리' 처음에 같이 영상을 같이 찍은 거예요. 그래서 그분하고 그렇게 찍고 나서 그때는 완전히 모르는 사람들처럼 서먹서먹했지, 몰랐으니까.

근데 500일 행사 때 광화문에서 저희랑 같이 공연을 한 적이 있어요. 그렇게 하면서 친분이 생기고 그분들과의 관계가 너무 좋고, 그분들이 정말로 너무너무 감사한 분들인 거 같아요. 저희가 그래서 제가 합창, 제가 노래도 좋아하기도 하지만 합창단 활동에는 굉장히 저한테는 정이 가고 뜻깊은 그런, 저한테는 되게 좋은 활동 중에 하나가 합창단 활동이거든요? 그래서 합창단 오시는 분들이 정말로 너무너무 감사하고. 근데 너무 참 이해할 수 없던 거는 의식들이 정말 대단하신 거 같아. 이분들이 자기들 그 합창단만의 활동들이 있잖아요. 근데 저희가 매주 월요일 7시에 연습이 있거든요. 근데 이 평화의나무 합창단은 화요일 날 아마 8시인가부터 11시 이때까지 연습을 하나 봐요. 그러니까 월요일 날 저희 연습에 거기 있는 분들이 다 오시는 게 아니라 여기 안산에, 뭐라고 그러지? 안산합창단에 합류

하시는 분들이 매주, 그러니까 전적으로 오시는 분들은 10분 안쪽이거든요? 남 테너, 베이스나 소프라노 10분 안쪽이고, 저희 가족들이 열, 한 다섯 명 될 것 같아요, 그래서 한 20명 가까이 되는데. 그 합창단 활동이 굉장히 저한테는 많이 도움이 되고 위로가 많이 돼요.

그 합창단 활동도, 그분들도 너무 좋으신 분들이고 그러니까 그분들이 너무 감사하고 한 게, 어떨 때는 합창단이 연습 때도 안 가고 싶은 게 아니라 일이 있어서 못 가게 되거나, 그래도 너무 미안한 게 그분들은 용인, 일산, 서울 각지에서 이 합창단을 우리 연습 때문에 월요일마다 오시는 거거든요. 그러니까 이 가까운 데서 안 가게 되면은 너무 미안한 거예요. 그리고 마음들도 너무 따뜻하시고 정말로 100프로 우리 마음 가족들 공감을 하시고 너무 많이 같이 마음 써주시고 함께해 주시는 것에 너무너무 감사하더라고요. 〈비공개〉 그래서 그분들이 월요일 날 여기 오시고, 화요일 날 본인들 연습하시고, 그리고 저희 합창반이 이 공연 요청이 되게 많아요. 합창단 공연이 2주기 때 되면서 엄청 많았거든요. 지난주 같은 경우는 토요일 날 광화문에서 집회, 광화문에서 기도회, 아니 기도회라는 말 못 쓰는구나, 집회? 할 때 저희가 갔었고, 그리고 어떤 교회에서, 사실은 교회에서 요청하는 건 합창단에 활동하시는 분들이 대부분 기독교, 그 신앙을 갖고 있는 사람들이 대부분이 합창단에 소속이 되어 있어요. 그래서 저희가 기독교 중창단을 만들어가지고 전에 목사님들 세미나 있으실 때 저희가 가서 노래를 한 적이 있었거든요.

그래서 이번에도 6월 20일인가, 어디 교회에서 저희 기독교 중창단을 요청을 했어요. 근데 사람들이 연습도 많이 제대로 안 되어 있는 상태고, 사람들이 지금 100프로 나와서 연습을 안 하다 보니까 조금 어렵겠다 그래서 [4·16]합창단이 가기로 했거든요. 그리고 얼마 전에는 여의도순복음교회라고 꽤 큰 교회예요. 거기서 관심 없이, 관심이 없던 건 아니지만 교인이 많고 그렇게 큰 교회들은 이렇게 세월호에 관심을 두고 목사님들이 한마디도, 예배나 기도회 이렇게 할 수가 없고 성도들 눈치를 많이 보는 거죠, 못 하는데. 거기서 많이 애쓰시던 분이, 광화문에서 서명지 [받고] 계시는 분이 다니는 교회가 거긴데 그분이 많이 노력을 해가지고 저희 2주기 때 합창단 노래를 했었거든요, 행사 때. 그거 보시면서 목사님이 저희 가족들을 초청을 하신 거예요. 그래서 교회에 가가지고 노래를 한 적이 있거든요. 근데 그분들[평화의나무 합창단]에게 있어 그렇게 행사가, 저희의 행사에 쫓아다녀야 되고 저희 연습에도 와야 되고 본인들 연습해야 되고, 아무튼 본인들 행사가 있고 그렇잖아요. 그러다 보니까 일정이 너무 바쁘신데도 불구하고 정말 마다 않고 힘들다 소리 한마디 안 하시고, 늘 오시면 먼저 저희한테 마음을 읽어주려고, 마음을 위로해 주려고 많이 애쓰시고…. 그래서 거기에서 저는 굉장히 많이 위로를 받아요. 그분들에게 너무 감사하고, 우리가 일명 천사라고 천사분들이시라고 정말 참 따뜻하시고 감사한 분들인 거예요. 주변에도 그렇게 정말 감사한 분들도 많아요.

많은 어떤 사람들한테는 상처도 받긴 하지만 그 감사한 분들 통해서 그냥 그러면서 또 하루를 견디고 지내는 거죠, 활동하고. 그리고 매주 저희가 금요일마다, 그 아이들이 돌아오는 금요일마다 하는 피케팅 그것도 여전히 피케팅하고 있고. 어제 같은 경우는 국회, 20대

국회 시작하면서 그 서명, 특별법 개정 요구하는 입법청원 서명 전달 때문에 어제는 국회 갔었거든요. 그것 때문에 그동안에 집중, 또 서명받고 하느라고 많이 신경을 많이 썼고. 매주 금요일마다 피케팅하는 것과 여기 기도회, 지금 말씀하신 것처럼 성경 읽기 모임. 매주 수요일마다 11시 성경 읽기 모임 있고 목요일 날은 기도회, 그 기도회에는 각 전국에, 전국이라고는 하지만 멀리서 오시는 분들은 가끔 전라도 광주에서, 대구에서 가끔 오시기도 하는데요. 전국에서 함께 하겠다고 하는 교회들, 그런 교회들은 큰 교회는 많지 않고요, 작은 교회가 대부분이거든요. 그런 교회에서들 오셔서 기도회를 주관을 하시는 거예요, 목요일 날 6시 매주 기도회가 있어. 거기에는 대부분 제가 꼭 가고 주일날 같은 경우도 아무튼 교회를 제가 지금 못 나가고 있는 상태라. 주일날은 거기 예배실에서 5시 예배가 있어요, 주일마다 분향소 예배실에서 그래서 주일날 5시 예배는 꼭 가고.

그리고 개인적으로 계속 지금 직장 고민 여러 가지 고민을 얘기를 했지만, 제가 욕심이 많고 그래서, 배우는 거 이런 거를 좋아해서, 지금 배우는 것 중에 그림도 배우고 또 캘리그래피도 따로, 그림이나 캘리그래피는 제가 따로 [배우고 있어요]. 캘리그래피 같은 경우는 여기 '우리함께'[형제자매 모임]에서, 거기에서도 한다고 얘기는 들었는데 저는 개인적으로 자격증 취득하는 거 하려고 지금 캘리그래피를 지금 배우고 있거든요, 그래서 그거 배우고 있고. 그래서 나름 뭐 하는 거에 되게 욕심이 많아요. 그래서 그동안 제가 하고 싶었어도, 정말로 제가 사는 거에, 열심히 사느라고 배우고 싶은 거 하고 싶은 거 거의 못 하고 살았거든요. 근데 지금은, 그러니까 그런 것도 생각하면은 아들한테 너무 미안하고 그런 생각이 들어요. 내가 어떨 땐, 이렇게 편한 것조차도 애한테 너무 미안하고 그런 생각이 들어요.

내가 이렇게 이런 거를 누린다고 하는 거는 좀 그렇지만, 내 삶이 그래도 이렇게 바뀐 거에 대해서 그 아이로 인해서, 내가 그래도 이런 거를 내가 지금 하고 있다는 거, 이런 거를 할 때마다도 애한테 너무 미안한 생각이 너무 많이 들어요. 참 삶이 그냥 그렇게 완전히 바뀌었죠. 그렇지만 그렇게 지내면서도 사실은 삶에 대한 의욕은 하나도 없어요. 매일매일이 아까 얘기한 것처럼 고민과 그냥…. 사람이 의욕이 있어야지 하루를 지낼 수 있고 살 수 있는데 아침에 일어나면서도 눈뜨면서도 삶의 의욕이 없으니까. 그냥 덜컥 가슴이 내려앉으면서 뭔가 모를 그런 겁이 나고 걱정이 되고, 그게 생활 중에 마음 안에 그게 있다 보니까 삶에 활력이 없어요, 그런 것들. 그리고 요즘 같은 경우는 한동안 안 그랬었는데 잠이 잘 안 오고 잠이 들면 잠을 깊게 자지 못하고, 뭐에 놀래서 깨는 것처럼 그냥 여러 가지 잠을 오로지 편안하게, 오로지 잠에 취하는 게 아니라 자다가 뭔가 걱정이 있어 가지고 머릿속이 늘 자면서도 뭔가를 생각하는 것처럼 벌떡벌떡 잠이 깨어지고.

처음에, 처음에, 처음처럼 아주 똑같지는 않지만 우리 애 처음 보내고 났을 때 잠을 못 자겠더라구요. 그냥 조금만 눈 붙였다가 갑자기 놀래가지고, 잠이, 그냥 놀랜 사람처럼 확 깨지고, 확 깨지고. 그렇게 해가지고 잠을 잘 못 잤거든요. 그런데 그때처럼 그렇게 지금 심하지는 않지만. 그게 요즘 근래에 들어서 마음이 뭔가 불편하고 무거워서 그런지 잠을 잘 못 자겠어요. 잠을 자더라도 깊은 잠을 못 자고, 머릿속이 계속 뭔가를, 자면서도 뭔 생각을 근심과 걱정이 온통 머릿속에서, 이런 생각을 지금 하고 있는 거 같애. 그러다 보니까 잠이, 퍼뜩 잠이 놀래서 깨고 또 퍼뜩 놀래서 깨어지고 그렇게. 그래서 사실 걱정이 되게 많아요, 내가 앞으로 아직도 길게는 한 30년을 아니면 한 20년을 살 수 있다 그러면, '그 시간까지 이렇게 매일 이런 시간들을 보낸다 그러면 살 수 있을까' 그런 문득문득 생각이, 그냥 가만히 있다가 말고 그런 생각이. 그러다 보니까 집에 있으면 집에 있어도 아무것도 못 하는 거죠. 그냥 누웠다 일어났다 앉았다 TV 켰다가, 왔다 갔다 왔다 갔다. 그냥 편안한, 아까 얘기한 것처럼 쉼이 아니에요. 그냥 온갖 마음이 불안하고 그런 트라우마. 그렇다고 하루 종일 뭘 집안일을 할 수 있는 것도 아니에요.

5
건강상의 문제

면담자   말씀 들어보니 건강도 좋지 않을 것 같으시네요.

영만 엄마   건강이 지금 되게 안 좋은 것 같은데. 그냥 소화도 잘 안 되는 것 같고, 요즘에 들어서는 아침마다 일어나면 속이 더부룩 하고 토할 것 같은, 토할 것 같을 때 나오는 침이 늘 아침에 일어나면 목에 잔뜩 이렇게 껴 있는 것 같고 속이 막 메스껍고. 어제 같은 경우도 물론 아침을 뭐를 한 숟갈, 죽처럼 한 숟갈 먹고 갔는데 가서 그 기자회견하는 데 뜨거운 데 서 있어서였는지 막 토할 것 같고 속

이 막 매슥매슥하고 그렇더라구요. 그러고 발목에 지금, 그때 도보
[행진]하고 뭐 하다가 여기 발목 다쳐가지고, 지금 그 발목에 침도 몇
번 맞기도 했는데 치료가 안 된 것 같애요. 그래서 여전히 지금 발목
이, 조금만 걸으면 발목도 힘이 없구, 다리 같은 데 다 좌골신경통인
지 여기도 아프고.

면담자　　　병원은 안 가보셨어요?

영만 엄마　　　병원은 아직은 안 가봤는데 가볼 생각이에요. 지금은
올해 연말까지라 그런 것 같은데 종합검진, 가정당 하나씩 종합검진
건이 나왔거든요. 근데 몇 가지 [검사를 아마 하게 될지는 모르겠지
만 제가 폐도 안 좋아 가지고, 안 좋은 것 같애. 가래가 계속 나오고
어쩔 때는 아침에 피가 섞인 가래가 나오기도 하고, 그리고 여기 아
랫배도 방광이 안 좋은지 작년에 9월 달인가? 형식적인 그런 건강검
진을 해준다고 [해서] 그때 했었는데, 제가 생각할 때에는 그것도 아
마 정부 차원에서 어떤 자료나 이런 거 수집을 위한, 부모들의 상태
를 트라우마 상태든 정신 상태든 건강 상태든 이런 거를 어떤 자료
를 수집하기 위한 방법으로 [검진을 했던 것 같아요]. 그렇게 생각하면
안 되겠지만 아무튼 그랬어요. 그래서 그때 건강검진을 했었는데,
형식적인 건강검진을 했었는데 그때도 얘기했던 거 같은데 차후에
이렇게 좋지 않은, 어디가 상태가 안 좋다 그러면 그거를 치료를 해
주거나 하는 게 아니라 뒤에는 아무런 얘기가 없었거든요. 저 같은
경우도 그때 "방광이 안 좋은 거 같다" 그러면서 "혈뇨가 나왔다"고
했거든요. 그러면은 '그거에 대한 치료를 어떻게 받아라, 어떻게 해

라' 차후에 그런 관리나 이런 걸 해줬어야 했는데 아무 이야기가 없었어요.

그래서 제가 몇 번이나 '온마음[센터]'에다가 항의하고 얘기했는데도 아직까지 아무 얘기가 없거든요. 그러니까 그 이후로는 제가 병원을 안 갔으니까 아마 방광이 지금 안 좋은지, 지금 아랫배가 지금 통증이 있고 아프기도 하고, 그냥 온몸이 아침에 자고 일어나면 몸이 딱 표현할 때 나무토막 같은. 그냥 뻣뻣하고 온몸이 다 나무토막 같애, 아침에 일어나면은. 한참을 그래서 아침에 일어나서는 스트레칭 아닌 스트레칭처럼 그냥 팔이랑 다리를 쭉 펴가지고 그렇게 잠깐 생각이 나거나 시간이 되면 잠깐 그렇게 하기도 하고 하는데 그런 거. 다리도 무릎이나 이런 데도 아픈 거 같고 다 몸이 정상이 아닌 거 같아요. 모든 게 마음에서 오는 병일 수도 있겠지만 그런 것들이 너무 힘들구. 몸 상태가 제가 보기로는 한 칠십이나 팔십이나 되면은, 몸 상태가 이 정도가 아닐까 그런 생각이 들어요.

6
특별히 기억에 남은 일화, 화났던 기억

면담자　　세월호 참사 이후 2년 동안 어머님께 가장 기억 남는 일화가 있다면 어떤 게 있을까요?

영만 엄마　　싸울 때요? (면담자 : 네) 싸웠던 거는, 저는 그때[까지] 한 번도 이렇게 시위를 해보거나, 그렇게 해보지 않았었는데. 그때 언제지? 2주기 때였었나? 아무튼 엄청 광화문에서 엄청 [경찰과] 대치해 가지고. 그때 1주기 때였나 보다, 비가 엄청 많이 오고.

면담자   100일 때요?

영만 엄마   100일 때였는지, 그때도 그런 경험했던 것이 되게 저한테는 충격이었어요. 그때 저희 큰아이도 제가 데리고 갔었는데 비가 굉장히 많이 왔었고, 그런 거 본 거, 그런 거 겪은 거하고, 삭발했던 거, 그런 삭발했던 거. 그런 것도 저한텐 되게 충격이구 그렇게 시위하고 했던 것들이, 지금도 여전히 다시 하라고 그러면 못 할 것 같애, 이제는. 그때는 무슨 정신으로, 그냥 악에 바쳐서 그렇게 할 수 있었겠지만 지금은 좀 두려워요, 못 할 것 같은 생각이 들어. 그래서 그때 그렇게 시위했었을 때 그때하고, 그게 그렇게 시위했던 것이 꽤 여러 번이 있었잖아요. 저희가 광화문 현판 앞에서도 그때 [세월호 참사 1주기] 그렇게 고립돼 가지고 있으면서 학생들이 자동차, 경찰차 바퀴 사이로 막 기어들어 오고 그런 모습들 보고. 여전히 그게 제 일이었지만 상상을 못 하겠어요. 충격이야, 그런 것들이 저한테는. 지금도 마음에는 충격으로 남아 있어요, 그때 아주 많이 힘들었던 그런 경우.

면담자   가장 화났던 기억은 어떤 기억인가요?

영만 엄마   가장 화나게 했었던 적이, 화난 적도 되게 많았죠. 그때 [세월호]특별법 만들어지고 할 때, 그니까 지금도 여전히 화나는 거는 이 정부에 대해서 국회의원들이 이 정치하는 사람들, 가장 첫 번째 대통령 이런 사람들에 대해서. 그냥 평범하게 그냥 사는 사람들은 여전히 지금도 밖에서 평범하게 살아 있는 사람들은 이 나라 대통령을 그냥 믿고 있을 것이고, 정치권을 잘 운영을 하고 있을 것이라고, 우리는 내 주어진 삶을 잘 살면 될 것이라고, 아마 그렇게 생각하고 여전히 그렇게 살고 있을 것 같거든요. 그러니까 저도 여태껏 그렇게 하고 살았는데 그런 걸 보면서 사람으로서 상상할 수 없는 그런 일들, 그러니까 특별법 관련해서 특조위[4·16세월호참사 특별조사위원회] 만들어지고 그러면서 그런 것들을 정상적으로 처리하지 않는 거에 대해서, 아니면 이 세월호 문제에 대해서 제대로 해결하려고 하지 않는 거에 대해서 여전히 이해할 수 없는 거 없어요[있어요].

그러니까 그런 문제를 갖다가 정당하게 그거를 해결하려고 사람 인간으로서의 양심과 생각을 가지고 하지 않는 거에 대한 그런 분노가 되게 많았어요, 지금도 여전히 마찬가지고. 어제 같은 경우도 TV 어떤 프로를 보니까 그 프로에서도 그런 이야기를 계속 이야길 하고 있더라고요. 얼마 전에 구의역 전철역에서 그 [스크린도어 사망]사고로 돌아가신 김 군, 그 아이의 그런 일과 세월호 이 문제에도 여전히 사람들이, 지금 밖에서 볼 때에는 이 세월호 문제도 아직 해결되지 않았지만 일부의 사람들은 해결되고[해결되었다고 생각하고] 관심도 없는 사람도 있겠지만, 그렇지만 제가 지금 볼 때에는 근래에 대해서 사람들이 생각이 그래도 변화가 있는 거 같다는 생각이 들어요. 사람들이 예전에는 문제가 있으면, 문제가 발생되면 문제를 문제로 바라보지 않고 문제를 직시하지 못했지만, 지금은 그래도 그 문제가 어떤 문제, 어떤 일이 터졌을 때에 그것이 "어떤 문제가 있다"라는 거를 문제를 들여다볼 수 있는 그런 마음과, 마음이 조금은 사람들이 변화가 있는 거 같다 생각이 들거든요.

이런 세월호 참사를 통해서 이 세월호 참사가, 우리가 그러니까 2주기 되고 그리고 총선이 있었고, 2주기 지나고 하면서 이 사람들이 그 총선에서도 상상, 예상치 못한 결과를 낳았잖아요. 그런 것들이 모든 사람들이 이 사회에 있는 사람들이 이 정치권과 대통령과 국가에 대한 불만을 분명히 마음에 다 가지고 있는 것 같아. 근데 '그거를 가지고 목소리를 내지 않았을 뿐이지 마음에는 다 가지고 있지 않았나' 하는 그런 판단이 들더라고요. 그래서 그 총선의 결과도 사람들이 그런 여당을 지지하는 것이 아니라, 야당을 지지하게 된 이유는 정말로, 아이는 아이들대로 청소년은 청소년대로, 학생, 고등학생은 고등학생 애들대로, 대학생은 대학생대로 어느 누구 하나 할 거 없이, 다들 자기 나름대로의 그런 고통과 그 안에서의 고민과 너무 많은 그 안에서의 어려움들이 진짜 많잖아요. 그러다 보니까 이 젊은 사람들을 사회가 그렇게 만든 거 같애, 그렇게 다들 힘들고 자기 일에 그렇게 정신없이 빠져가지고 살 수밖에 없도록 사회가 그렇게 만들어진 거 같애. 그러다 보니까 누구의 일에 관심 둘 수 없고 마음은 있지만 거기에 내가 함께하지 못하고 하는 것이 그런 이유가 아닌가 싶거든요. 그런데 그것이 이런 총선을 통해서 그런 불만들이 그렇게 반영이 되지 않았을까?

그런 생각이 들면서 2주기 때도 저희가, 2주기 맞이하면서 많이 다른 느낌을 받았거든요, 1주기 때와는 좀 다른. 2주기에도 분향소에 한 만, 1만 8000명 왔다 그러거든요, 토요일과 일요일 날. 토요일만 해도 1만 2000명 정도가 왔다고 하니까. 그 많은 사람들이 올 때, 왔을 때에는 물론 세월호에 대해서 아직 잊지 않은 사람도 그렇지만, 물론 거기는 그냥 주말이니까 시간이 그렇게 허락이 돼서 온 사람들도 분명히 있겠지만, 그래도 최소한에 거기 2주기 때 왔던 사람들은 그래도 세월호를 기억하고 있는 게 아닐까 하는 생각이 들어요. 그러다 보니까 젊은 사람들도, 청년들도 이런 사회의 불만과 이런 것들을 갖고 있던 것이 이렇게 표현이 되면서 세월호를 여전히 잊지 않고 이 세월호 문제가 분명히 해결되기 바라고 있을 거라고 생각을 하거든요. 저도 그래서 TV에서 어떤 토론하는 그런 거를 보면 그런 얘기를 계속하더라고요. 이런 문제가, 우리가 볼 때에는 그동안에 이게 문제가 발생이 돼도 그 얘기로 결론을 내더라고요. 그동안에는 이렇게 전철역에서 스크린도어가 사고가, 이번뿐만이 아니라 2013년인가 몇 년도인가 11년도인가 또 한 번 있었었대요. 그래서 어디서 누구 이렇게 사망하게 [되고] 그랬는데도, 그때는 그런 부모들이 "그냥 당신 애가 이렇게 이렇게 하다가 본인의 과실로 실수를 해서 죽었다"[라는 이야기를 들었지요]. 그런데 이번에도 역시 그랬잖아요. 걔가 열쇠 훔쳐가 가지고 규정을 어기고 했다고 그러는데 그 [피해자의] 엄마가 얘기하는 것처럼 "어떤 바보가 자기가 죽을 거 알면서 그 열쇠를 훔쳐가지고 그렇게 했겠냐고, 자기가 혼자 했겠냐"고.

그러니까 그 얘기를 결론을 내는데, 그렇게 내더라고요. "그동안에는 모든 사람들이 그렇게 어떤 일이 생겼을 때에 다 그냥 본인의 과실에 의해서 잘못해서 죽었습니다", 그렇게 했을 때 그냥 아무도 거기에 묻지 않고 그거에 반항하지 않고 했고 그냥 그걸 받아들였지

만, 자꾸 이렇게 시민들 의식도 그만큼 바뀌는 게 아닌가 하는 생각
이 들거든요. 그리고 세월호 사건이 이후에 사람들이 어떤 일이 발
생했을 때 그 안에 문제가 있다는 것을 보려고 그걸 들여다보려고
하니까 사람들의 의식도 많이 바뀐 거 같고. 이번에 마찬가지도 용
인에서도 얼마 전에 어떤 어린아이 4살짜리가 [유치원 차량을 기다리
다가] 차에, 이렇게 후진, 그냥 자동으로 저절로 잘못되어 가지고 후
진되는 차에 죽는 사건이 있었거든요. 그것도 그냥 우리가 예전 같
았으면은 그런 일이 비일비재하니까 그렇게 해서 죽었을 거라고 생
각하겠지만, 그것도 모여서 세월호를 위해서 활동을 하는 용인 엄마
들이 그 문제를 진짜로 문제로 본 거예요. 그래 가지고 싸우기 시작
해 가지고 거기도 형사재판 중인데 잘 안 되면 민사로다가 재판을
한다고 그러거든요. 그러니까 사람들이 어떻게든 어떤 문제가 생겼
을 때 그 안을 정말 들여다보니까 그 유치원에도 굉장히 문제가 많
고. 그 유치원이 그렇게 되었을 경우에 아무튼 폐업을 하면 그만이
래. 그래서 "5월 말 일자로 폐업을 하고 여기 안산에 있는 무슨 유치
원이랑 유치원을 바꾼다"고 그런 얘기를 하더라구요. 안산에 무슨
한양유치원인가 와동에 있대요, "그 유치원 어떤 유치원인지 알아보
라"고 거기 활동하시는 분이 얘기를 한 적이 있었거든요.

그러니까 그런 어떤 문제가 생기면 그게 문제가 문제인 거를 옛
날에는 몰랐지만, 문제가 [생기면 이제는] 그 안에 어떤 분명히 어떤
문제가 있다는 거를 알게 되었잖아요. 이번에 전철역 사고 난 것도
그니까 '메피아'[메트로 마피아] 해가지고 거기에 메트로 그 위에 직원
이 따로 있고, 그 사람들 연봉이 어마어마하고 월 한 사백몇십만 원

135
•
3회차

어치 이렇게 받는데 이렇게 용역이 관리하는 애들은 백몇십만, 백사십만 원 월급을 받고 일하고. 그 사람들은 사백몇십, 오백씩 받으면서 몇백만 원어치 받는 인간들은 아무것도 안 하고 그냥 이렇게 밑에 있는 사람들을 부려먹으면서 이 사람들이 받을, 그 사람들이 그런 근로한 것에 대한 대가를 정말로 정작 받아가야 할 사람이 받아가는 게 아니라, 본인들이 위에서 지시하고 그냥 앉아서 가만히 있는 것들이 다 받아가고 이런 문제를 얘기를 하는 거예요. 그러다 보니까 이젠 언론에 대해서도 사실은 많이, 처음에는 많이 화가 나고 언론에 대해서도 너무 정말 분노하고, [분노하지] 않을 수가 없었거든요.

근데 지금은 그래도 SBS에서 얼마 전에 '그것이 알고싶다' 방송이 나가고 하면서, 사람들이 조금씩…. 그러니까 언론의 역할이, 정말로 언론이 한 마디만 하면 우리가 백 마디 하는 것보다 그런 큰 힘이 있는데 언론이 그렇게 하고 있지 않는 것에 대해서도 처음에는 되게 많이 화가 났었어요. 아무튼 지금 물어보신 것처럼 어려움이 많고 되게 화가 나고 분노했던 건, [특별법 투쟁 중에] 여야가 가족들 속여가면서 박영선 원내대표가 그때 그냥, 우리 가족들한테는 알아서 자기가 "우리가 요구하는 대로 하겠다" 하고서는 가가지고는 엉뚱하게 그냥 합의를 해버렸잖아요, 그런 경우에도 화가 났었죠. 그런 거는 저희가 원하는 그런 특별법이, 합의가 아니었는데. 그렇게 해서 만들어진 게 엉터리 특별법이 만들어졌고 그러다 보니까 지금 제대로 특조위가 활동도 못 하고 있고 제대로 조사하지도 않고, 정말로 조사를 하고 싶어도 수사권, 기소권이 없다 보니까, 정말로 데려다가 앉혀놓고서는 진짜 증인으로 세워가지고 벌을 주든 어쨌든 하고 싶지만 제대로 못 하고 있고, 그런 거에 있어서 그런 게 엄청 화가 나죠.

7
후회와 아쉬움

면담자   어머님께서 생각하실 때 지난 활동에 대해 아쉽거나 후회되는 점이 혹시 있으신가요?

영만 엄마   제가 좀 후회를 한다는 거보다는요, 아쉬운 건 되게 많죠. 아쉬운 게 많은데 딱 꼬집어 뭐라고 할 수 없지만 모든 순간순간들이 지나고 나면 아쉬웠던 거 같애, 지금도 여전히 이 가족협의회에 있어서도 마찬가지고. 근데 지금은 이 가족협의회도 이렇게 우리가 사단법인 결성이 되어 있잖아요. 그런데 사단법인에 가입이 되지 않은 가족들이 꽤 있거든요. 그런데 가입되어 있다고는 하지만 4·16가족협의회를 100프로 믿고 어쩔 수 없이 따라가는 것일 수도 있어요. 어떻게 보면 어떤 사람이 목소리를 낸다고 해도 그게 그냥 한 사람의 의견일 수는 있지만 가족협의회에서 그거를 받아들이지 않을 수 있단 말이죠. 그러다 보니까 그렇게 해서 이 가족협의회 임원진을 하다가 그만둔 사람도 사실 있고. 본인도 어떤 의견을 내거나, 이건 아니다 싶은 게, 이견을 내도 그것이 반영이 안 되고 그래서 그만두는 부모도 있어요. 사실은 본인이 어떤 임원을 맡고 있다가도.

제가 후회되는 거라 그러면, 사실은 아들 큰애에 대한 걱정. 근데 애가 지금 대학교 2학년 되었거든요. 그런데 이 아이를 웬만하면, 저는 이 일이 얼마나 힘든 일인지 알고 이거 쉽지 않은 일이라는 거, 또 오랫동안 이거를 싸워야 된다는 거를 생각을 하고 있기 때문에 우리 큰아이한테 만큼은…. 대학생들한테 간담회 가고 그러면서도 젊은 사람들이 잘 알아야 되고 대학생들이 깨어 있어야 된다고 제가 그렇게 이야기를, 누구한테나 그렇게 이야기를 하거든요. 그렇지만 우리 큰아이한테… 큰아이는 아니었으면 좋겠어. 그래서 제가 일부러 큰애한테 여기 활동에도 하지 않았으면 하는 싶은 생각이 제가 들었거든요. 근데 나이로도 그렇고 여러 가지 이 조건으로 봤을 때 지금 [세월호 희생 학생들] 형제자매 애들도, 아주 어린애들도[은] 중학생, 고등학생 이런 애들은 활동을 못 하잖아, 그런데 우리 아들 같은 경우는 대학생이니까 활동이 가능한 나이고. 그럼 그런 조건, 저런 조건 때문에도 그럴 수도 있지만 그러다 보니까 애가 자꾸 이 활동에 자꾸 관심을, 관심을 갖는다기보다 어쩔 수 없이 이거를 애가 해야 된다고 본인도 생각을 하고 있는지도 모르겠죠. 그래서 여기에 처음에 집회 이런 데를 데리고 갔었었는데 그런 게 좀 후회가 되기도 해요. '만약에 처음부터 애를 그렇게 데리고 가지 않았었으면 안 하지 않았을까' 그런 생각이 들지만, 후회일 수도 있지만 어떻게 보면 한편으로는 '그것이 또 우리 애한테 어떻게 보면 조금 치유의 어떤 방법이 되지도 않나', 생각도 없지도 않았나.

주변에서 사람들이, 제가 이야기를 들으면서 생각한 건데요. 우리 애가 처음에, 그때도[지난 구술에서] 얘기했는데, 대학교 가가지고 친구들 한 명도 못 사귀었다 그랬었는데, 저 입장을 제가 생각했을 때도 그래요. 만약에 모르는 새로운 사람을 만났을 때 내가 일부러 굳이 세월호 가족이라는 이야기를 할 수가 없어요, 그리고 굳이 할 이유도 없고. 만약에 그 사람들이 알면, 오히려 그 사람들을 편하게 대할 수 있는데 그렇지 않은 상태에서는 엄청 불편하거든요. 저도 그런 걸 저도 많이 느껴. 새로운 사람들을 만나거나 그랬을 때 그런 관계 속에 이 사람들이 내가 세월호 가족이라는 것을 모르는 상태에서 나를 만나고 있기 때문에 내가 엄청 불편하거든요. 근데 우리 애도 똑같은 마음이었을 것 같아. 그러다 보니까 처음에 [대학에] 가가지고는 친구들한테 자기가 세월호 가족이라는 것을 본인이 입으로 말할 수 없으니까 힘들어했고, 그래서 굉장히 어렵게 한 학기를 그렇게 보냈고 그랬는데 어느 순간에는 본인이 그거를 틀을 깬 거 같아, 제 생각에는. 언제까지 자기가 이렇게 숨기고 싶진, 꼭 숨겨야 되는 것도 아니고 꼭 드러내야 하는 것도 아니지만. 사람들한테, 사람들이 자기가 그러는지[세월호 희생 학생 가족인 줄] 모르고 사람들이 자기를 대할 때, 자기가 사람들을 대할 때 이런 게 엄청 불편했겠죠. 그렇다 보니까 어느 순간엔가 얘가 생각에 변화를 가져온 거 같아요.

　　그래서 본인이 그때 처음에 우리 여기, 우리 애가 □□[대학교] 다니거든요. 그때 □□ 간담회가 들어왔었어요. 근데 영만이 친한 친구 박성호 엄마가 간담회를 갔어. 그랬는데 "걔가[큰애가] 거기 갔는데도 인사도 안 하고, 간담회를 그냥 듣기만 하고 나중에 어디서 만나가지고, 뒤에서 만나가지고 인사하고 갔다"고 그러더라구요. 그때도 드러내고 싶지 않았던 거죠. 그랬는데 그것이 조금 지나면서 본인도 생각을 많이 했겠지, 내가 이걸 언제까지 내가 [이렇게] 지낼 것인지. 아니면 이 사회에 대한 애도 생각이 있으니까, 사회에 대한 분노와 여러 가지 이렇게 정당하지 못한 것에 대한, 이렇게 그런 거에 대한 많은 생각을 했겠죠. 그러다 보니까 그 □□에서 활동하는 세월호 활동, 동아리 활동하는 팀들이 있나 봐요. 본인이 거기를 찾아갔다고 하더라고요, 2학기 되어서인 거 같아. 찾아가 가지고 얘기하고 그러면서 그 사람들, 그러다 보니까 거기서 조금 힘을 얻은 것 같아. 내가 나 혼자 이렇게 끙끙 앓고 누구한테 얘기도 못 하고 그러고 지냈었는데 거기에서 그 사람들과의 자기를[아픔을] 함께해 주고 자기 맘을 알아주고 있다는 사람들이 있으니까 아마 힘이 된 거 같아.

그래서 거기서 그렇게 [활동]하고 그러면서 [단원고] 교실 문제로, 왜 작년 가을 때 이때부터 엄청 많이 이렇게 다툼이 있었잖아요, 조금 긴장감이 있었잖아. 그럴 때 교실 피켓을 □□에서 2학기, 2학기인가 시작할 때에도 교실[존치] 그거 문제 때문에 서명받고 피케팅을 □□에서 할 때 그냥 같이 피케팅도 하고 그러면서 본인이 그냥 숨지 않은 것 같아. 본인을 그냥 내려놓고 이야기를 하다 보니까 더 편해진 거 같아, 애가 편안해진 거 같아. 근데 그런 생각을 했을 때 나는, 생각할 때 제가 맨날 애한테 그랬어요. "엄마가 열심히 니 몫까지 열심히 [활동]할 테니까 너는 그냥 있으라"고 그랬는데 내가 그거를 처음에 잘못 생각했던 거 같아. 그러니까 애한테 그러고 나서 애가 그렇게 변했거든요. 그리고 나서 이번에 여름방학 때에 자전거 동아리에 들었거든요, 자전거 타기 동아리. 근데 전국 순례를 한대요, 제주도 가가지고 제주도에서 3박 4일인가 제주도 순례를 하고,

어디서 비행기를 타고 여기 광주나 어디로 온다고 그랬는데. 처음에는 배를 탄다고 그랬나 봐, 그러니까 애가 배를 탄다는 말에, 애가 충격을 받은 거지. 그래서 그 얘기를 자전거 동아리 있는 사람들한테 만나서 얘기를 했나 봐, 애가. 그래서 자기네 과 애들도 몰라, 우리 큰애가 거기 세월호 가족이라는 것을 모르지. 혹시 페북이나 이런 걸 통해서 애들은 알고는 있지만 본인이 얘기를 안 하니까, 말을 안 한 애들도 있겠지만 아마 모르는 애들도 많이 있었을 것 같거든요.

그랬는데 자기네 동아리 사람들 중에는 동기, 그러니까 자기보다 나이가 많은 형도 한 명이 있는데 제주도 사람이래요. 그 사람이 [배]표를 "제주도 뭐 해야 되는데 표를 끊어야 된다" 그래서 얼마 전에 6월 달에 아니 5월 말쯤 되었나 보다. 그때 [배표를] 끊어야 된다고 그랬는데 애가 배를 탈 수가 없으니까, 그거 충격이 있으니까 애기를 했나 봐. 그랬더니 엄청 마음 아파하고 엄청 울었다고 그러면서 그 사람[동아리원]들이 자기 마음을 알아주고 그리고 그런 것, 그 사람들은 확인을 한 거잖아, "세월호에 대해서 그렇게 비판하고 막 비난하는 것이 아니라 본인들도 마음 아파하고 있고 그랬다"고 그러면서 형들한테 이야기하고 나서 "엄마, 마음이 너무 편해졌다"고 하는 거 보니까 그런 거 같아요. 이게 트라우마가 사람들한테 과정인 거 같아, 하나의 과정. 본인이 처음에는 숨고 싶었고 말하고 싶지 않았고 그랬지만, 어느 순간엔가는 그것이 평생 그렇게 살 수는 없다는 것을 본인이 아이들이 그거를 깨달으면서 그러면서도 치유가….

저도 처음에는 그걸 생각을 못 하고 '우리 [큰애]가 이렇게 그냥 이 일에 막 나서서, 안 나섰으면 좋겠다' 엄마로서 그냥 했던 생각인데 '조금 어리석은 생각이었나'. 하지만 지금도 약간은 애한테 조금 그렇게 열심히 안 하고, 동생 일이고 가족 일이고 안 할 수 없는 일이지만 그냥 제, 저도 이 일을 하면서 힘들고, 이게 금방 끝나는 일이 아니고 이게 그런다는 걸 알기 때문에 '우리 애가 언제까지 이 일에 매달려야 되나' 하는 생각.

그리고 2주기 되면서 한 번 2주기 때 15일 날? 15일 2주기가 토요일이었죠? 토요일이었는데요, 그 전날 2주기 되면서 엄청 힘들었거든요. 엄청 힘들어 가지고, 엄청 많이 맘이 괴롭고 힘들고, 저도 엄청 많이 울었는데. 그래서 그날 2주기 전날 제가 좀 일찍 자려구 한 10시 반 11시 안 되어서 누웠던 거 같아. 그래서 깜박 잠이 들었는데, 밤에 12시 됐었는데 전화가 오더라고 그 전화를 받았어요, 우리 아들이[한테서] 전화가 딱 온 거야. 딱 받았더니 "엄마" 하면서 막 우는 거야, 애가 엄청 우는 거야. 한 20분 울었나 봐 엄청 울었어요. 그래서 왜 그런지를 알지, 힘들어서 그런 거를 알았죠. 그래서 달래고 달래고 그냥 끊고서 카톡을 봤어요, 카톡이 와 있더라구. 내가 자느라, 일찍 눕느라 카톡을 못 봤는데 우리 가족톡에다가, 본인도 그날이 굉장히 힘들었던 거 같아. 11시쯤 어떻게 됐는데 카톡에다가 글을 남겼더라구요, "엄마, 아빠 힘내"라구. 그런데 그거를 내가 못 봤잖아, 그랬는데 그렇게 했는데도 애가 힘들어서 참을 수가 없었던 거 같애. 카톡을 보내놓고 아무도 보지는 않았는데 견딜 수가 없었는지, 밤에 12시가 넘어서 전화를 하는데 그렇게 울더라고 애가. 그래 그다음 날 그렇게 지내고 그다음 날, 16일 날 비가 엄청 많이 왔잖아요.

(잠시 중단)

영만 엄마　　무슨 얘기하다 말았지? 무슨 얘기해야 되는 거지? 주제가 뭘 물어봤는지 생각이 안 나고 횡설수설했네.

면담자　　아쉬웠거나 후회하는 것에 대해 이야기했었어요.

영만 엄마　　아쉬운 점, 아무 뭐 언뜻 생각이 안 나. 아무튼 많이 아쉬운 점은 엄청 많아요. 활동하고 그러면서 아쉬웠던 점, 그리고 간담회 하는 것도 그런 것도 아쉬울 때가 많지. 갔다 와가지고는 꼭 전해야 될 얘기 못 전했을 때 그런 거, 아쉬웠던 거랑 뭐라고?

면담자　　후회되는 점이요.

영만 엄마　　후회되는 점? 후회되는 거, 글쎄 후회되는 게 어떤 게 있나 잘 생각이 안 나는데.

8
세월호 사건이 가져온 변화

면담자　　어머님께서도 4·16 참사 이후 세상을 보는 방식이나 관점에 변화를 가져왔다고 생각하시나요? 그렇다고 생각하시면 그게 어떤 변화인지도 말씀해 주세요.

영만 엄마　　그냥 변화라 그러면, 평범할 수 없는 거? 예전처럼 내가 평범한 사람일 수 없는 거에 대한 그런 거라. 그리고 처음 이야기 시작할 때 이야기했던 것처럼 남은 인생이, 인생에 있어서 그렇게 온전히 행복한 그런 날들이 있을지 그런 생각. 그런 생각하면 되게 마음이 아프죠. 어떻게 해도 우리 아이를 다시 볼 수 없고, 그 아이를, 나에 대한 그런 그리움과, 지금도 여전히 그냥, 그냥 생생해요, 아이가 생생한데도 불구하고…. 근데 왜 애를 생각하면은 저는 미안한 생각만 나는지 모르겠어, 여전히 그냥 아침에 일어나서 밖에 베란다 내다보고 그냥 아침 맞으며 아이하고 이야기하듯이 이야기하고.

밤에 잘 때 자기 전에, 제가 맨날 아침에 7시 반, 밤에 10시 반 매일 베란다 열어보고 맨날 여전히 내다보면서, 어제 같은 경우는 되게 신기한 거예요. 밤에 구름이 참 잔뜩 껴 있어, 밤 10시 반에 밖에 베란다를 내다보니까. 제가 그 시간에는 아예 그냥 의식이에요, 하루의 의식. 그냥 그러면서 그 아이와의, 그냥 이야기를 하는 거예요. "우리 아들" 그리고, 밑에 지나가는 사람들을 보면서 그냥 우리 아들 모습을 거기서 상상을 하는 거예요. '쟤가 갔으면은 저 길로 갔을까' 그냥 사람들을 보면서 우리 아이를 그냥 상상을 해요, 밖에 내다보고 밤에는. 근데 어제 같은 경우는 구름이 잔뜩 껴 있는데 문을 확 열고 밖에를 이렇게 내다보는데 별이 하나도 안 보이더라구요. "아, 구름이 껴가지고 오늘은 엄마를 만나러 안 왔구나" 그랬는데 그러면서 이제 한참 보다가 이렇게 밑에 사람들, 지나가는 사람들을 쳐다봐요. 지금 얘기한 것처럼 사람들을 보면서 우리 애가 걸어왔을 것 같은 길을 어떻게 걸어올지를 상상을 해, 그냥 그 밖에 길을 보면서. 근데 그렇게 내다보다가 보니까 구름이 조금씩 조금씩 걷히더니 별이 하나가 엄청 반짝거리면서 별이 하나가 딱 보이는 거예요. 그런 별을 보면서도 거기에다가도 의미를 담는 거예요. 그러니까 그 별을

영만 엄마 이미경

보고 이야기하고 매일 그냥 그렇게 하루를 보내고….

　이 정부나 이런 거에 대해서, 그러니까 4·16 이전과 이후에는 많이 달라지긴 달라졌죠. 이 의식 수준이나 이런 게 아주 달라졌어요, 많이 달라졌어요. 예전에는 물론 그런저런 거 생각하고 할 수 있는 겨를 없이 살았기 때문에 그랬었고, 근데 그거는 누구나 다 똑같지 않을까 싶어. 이 세월호 활동 하시는 분들한테 그래서 감사하고 그래서 그분들이 참 대단하고 존경스럽다고 생각이 드는 게, 예전에 나는 그러지 않았거든요. 아무리 큰일이 있었고 아무리 큰 엄청난 사고가 있었고 엄청난 그런 참사를 통해서 누가 죽었고 했었어도 그냥 저도 그니까 다른, 지금 이렇게 이 세월호에 관심 없는 다른 사람들과 똑같은 사람이었지. 그 사람들 나무랄 처지도 아닌 거예요, 솔직히 저도 예전에 그랬으니까. 그래서 그런 걸 보면서 4·16 내 아이를 잃고 나서의 내 삶이 완전히, 완전히 변했어요, 지금 완전히 변했지. 부모들 다 똑같을 거 같애, 예전에 그런 내 삶과는 똑같을 수가 없어요. 그냥 순간순간에 어떤 일이든 분명히 변한 건 맞아요.

　그리고 이 정부에 대해서, 이 정치에 하는 것에 있어서 사회적인 문제에 대해서 이런 거에 대해서도 그렇게 깊게 고민해 보지 않았고 그냥 아무 생각 없이 살았던 거 같애. 저도 그전에 그냥 열심히 일 잘하고 열심히 살면 잘 사는 건 줄 알았어. 그냥 그렇게 살았는데 세월호 이 사건으로 우리 애기를 잃으면서 그래도 생각할 줄 아는 어른이 된 거 같은 생각이 들어요. 그러면서 뉴스에도 관심을 갖게 되고, 얘기한 것처럼 무슨 어떤 주제를 가지고 토론을 하거나 그러는 거에 있어서도 귀 기울여서 들을 수 있는 마음도 생기고. 그리고 그렇다 보니까 조금씩 조금씩 이 정치, 저기 문제 이런 거 어떻게 변하고 있는지, 정치권에 있는 사람들이 어떤 생각을 가지고 어떻게 하고 있는지.

그렇지만 TV에서도 이야기를 할 때 보기만 하면 "미친놈" 소리가 저절로 나와. "미친 새끼들, 미친 새끼들" 이게 이 말이 저절로 나오는 거예요. 뉴스를 보거나 뭘 보면 그 사람들이 어떻게 어떻게 했다는 이야기를 할 때마다 "미친 새끼들, 어휴 완전히 미쳤어, 미친 새끼들이야" 그 소리가 입에서 저절로 나오는 거야 그러니까 정상적인 세상은 아니에요, 지금은 정상적인 세상이 아니야. 이 돌아가는 지금 우리 대한민국이 그냥 정상적인 세상이 아니에요.

그래서 그냥 일반 사람들이 들으면 참 야속하고 참 못됐다고 할지 모르겠지만 우리 세월호 유가족들은 그런 생각해. 그냥 진짜 맨날 북한에서 전쟁한다 전쟁한다 이러면 "전쟁이나 확 터져버려서 다 죽었으면 좋겠다"고 그런 소리를 그냥 아무렇지도 않게 그런 얘기를 하고 있거든요. 그러니까 정말로 이 사람이 인간이 소중하고 이런 거에 대해서도 그렇잖아요. 누가 살면서 글쎄 "내가 어느 날인가 갑자기 나는 죽을 수가 있을 거 같애, 교통사고로. 뭐 내가 어디 가다 차에 치여 죽을 것 같애" 이렇게 생각하는 사람은 아마 한 명도 없을 것 같애. 그렇지만 그것이 내 일이 될 수 있다는 게 이 4·16, 이 일을 겪으면서 가장 제가 뼈저리게 느낀 건 그거예요. 이런 참사, 이런 게 남의 일이 아니고 내가 주인공이 될 수 있고 내 일이 될 수 있다는 거를, 제가 그냥 제일 뼈저리게 느낀 게 그거예요. 진짜로 그러니까 사람들한테 그 이야기를 해주고 싶은 거야. 그래서 간담회 가가지고도 이렇게 열변을 토하고 얘기를 하는 이유가, 다른 사람들도 예전의 평범한 나처럼, 여전히 평범하게 아무렇지 않게 살고 있지만 그것이 평범하게 살다 보니까, 그런 평범한 사람이 이런 일을 당했잖아요. 그러니까 그런 일이 내가 될 수 있고 내가 주인공이 될 수 있고 우리 가족이 될 수 있다는 거를 그런 생각을 할 때. 아무튼 정치권이나 국회의원들, 정치인 하시는 분들한테 아주 당부에 당부를 하고 싶은 건, 정말로 양심적이게 본인들도 우리하고 똑같은 사람이라는 거를 생각을 좀 해줬으면 좋겠어요.

그리고 박근혜 대통령, 여러 가지 말도 많고 정말 자격이 안 되는 아무 생각 없이 사는 사람, 그 양반이야말로 정말 아무 생각 없이 사는 사람 같다는 그런 생각을 하면서 정말 어른으로서의 투표권이든 뭐든 행사를 할 때 정말 제대로 해야 될 것 같고, 어른들이 좀 깊게, 뭐든지 깊게 생각하고 많이 많이 생각하고 고민을 하는 사람들이어야 한다는 생각이 들더라고. 아무튼 변화가 큰 변화가 그거에요. 내가 그냥 사람답게, 내가 생각할 줄 아는 사람이 되었다는 게 제일 큰 변화인 거 같아. 별생각 없이 아무 생각 없이 살았는데 그래도 이 여러 가지를 바라볼 수 있는 거라든가 고민하는 거에 있어서 내가 그 고민에 함께 동참할 수 있고, 내가 그 고민을 깊게 생각해 볼 줄 아는, 그런 생각할 줄 아는 사람이 되었다는 게 나는 가장 큰 변화인 거 같애.

9
진상 규명의 의미

면담자　　　어머님께 세월호의 진상 규명이라는 것이 어떤 의미인지, 그리고 진상 규명이 앞으로 어떻게 되어야 할지에 대해 생각하시는 바가 있으면 말씀해 주세요.

영만 엄마　　　진상 규명이 부모들이, 당연히 이거는 우리 아이만의 문제가 아니고 지금껏 얘기한 것처럼 우리 국민 모두의, 우리 대한민국에 사는 이 땅에 사는 모든 사람들에게 그걸 위해서도 진상 규명 꼭 돼야 한다고 생각하거든요. 우리가 그냥 내 새끼가 죽어가지고 억울함을 풀어줘야 되기 때문에 진상 규명을 해야 된다고 하는 게 아니라. 그냥 이 땅에 살아가는, 살아가야 되는 앞으로 살아가는 세대를 위해서라도 정말로 부당하게 이런 대우를 받은 거에 대한 거는, 분명하게 이거는 제대로 된 진상이 밝혀져야만 무엇이 문제였는지 정말 누가 잘못했는지 이런 거를 정확하게, 이거는 파헤쳐야만 그래야지만 더 이상의….

근데 고민이 너무 많은게요, 1차, 2차 청문회를 보면서 생각한건데 '진상 규명이 정말 될까?' 그런 생각도 들었어요. 사실은 언젠가는 되겠지만 너무 안타깝고 조금 맘이 많이 괴롭고 한 게, 그런 생각이 든 게 그 청문회를 통해서. 청문회를 보면서 두 번째 청문회 때, 첫 번째 때도 마찬가지였고 청문회를 보면서 증인들로 나와서 하나같이 이야기하는 사람들이, 정말로 다들 높은 자리에 있는 그런 사람이었는데 나와서 이야기하는 거 보고는 너무 많이 정말 실망이 되고 그니까. 일개 그 사람이, 어떤 그런 직위가 높은 해양수산부 그런 곳에 있다가 아무튼 퇴직을 하거나 그래서 해양수산 그룹이든 어디든 해양 관련 그런 곳에, 다 곳곳에 지금 거기 또 역시 해피아[해수부 마피아]로 곳곳에 지금 자리를 지금 잡고 있잖아요. 그런데도 불구하고 그 사람들이 청문회를 통해서 보니까 사고가 났을 때 그런 사고에 대해 인지하는 것과 대처하는 것에 대한 아무 생각이 없었었잖아요. 그런 거 보면서 너무 기가 막히더라고요. 도대체가 이렇게 어마어마한 사건에 있어서 아무것도 모르고 그 문제를 어떻게 해결해야 될지도 모르고 하나도 신경 쓰지 않고 그랬었다는 거에 대해서 너무 화가 났었거든요. 그리고 본인들이 해야 할 업무가 도대체가 뭔지도 제대로 알고 있지 못하고.

그때도 그 청문회 보면서 "화물을 얼마나 실었는지 고박[화물을 고정시키는 것은 제대로 했는지]" 그걸 물어보는데도 '고박'이라는 단어를 못 알아듣는 것같이 얘기를 해서 너무 황당했어요. "고박이 뭐냐?"고 그러니까 너무 기가 막힌 거예요. 그러니까 그렇게 본인들의 업무가 정말, 제대로 어떤 업무가 본인들의 업무인지 그런 것도 모르고 있고 그러고 나서 제대로 하지 않았고. 왜냐하면은 그때도 화물을 얼마나 실었는지를 물어보니까 모른다고 그러는 거예요. 그러면서 "화물을 실을 때에 그러면은 어떻게 하냐?" 그랬더니 원래는 밑에 가서 정말로 그 배를 실은 화물을 실은 곳에 가가지고 얼마나 화물이 실을 때 그거[무게]를 보고 해야 되는데, 봐야 되는데 그곳에 가서 직접 보지 않았다는 거죠. 보지 않고 그냥 밖에서 실을 때 실은 거만 보고 얼마나 실렸을 거라고 추측을 하고 그러고 나서 "그러면은 그거 컨테이너에 무게가 얼마나 되냐?"고 하니까 그것도 모른다 그러고. "컨테이너에 있는 무게가 그럼 어떻게 그거를 하냐?(재냐?)" 그러니까 무게가 아니라 그 부피, 그니까 "컨테이너의 그 크기의 5분의 1 정도의 물건이 실렸을 거라고 가정을 해가지고 무게를 계산한다"고 하니, 이 컨테이너 요만한 컨테이너에 진짜 스펀지를 싣는 것과 철을 싣는 것은 완전히 무게가 달라지는데도 불구하고 그렇게 했다는 거에 대해서도 도저히 이해가 안 되고 용납이 안 되는 거예요. 어떻게 아이들도 그렇게 안 그럴 것 같거든요?

그러고 나서 본인이 업무가 정말로 뭔지도 아무것도, 자기 일을 아무도 자기 일을 하지 않았어요, 그 사람들이. 그러니까 그런 걸 보면서 너무 실망이 많았어요. 그러니까 하나를 보면 열을 안다고 그 사람들뿐만이겠나 싶은 거예요. 모든 우리나라에 권력을 가지고 있다는 사람들도 정말 자리만 차지하고 있고, 그 아까 구의역 얘기한 거처럼 메트로 그 직원들은, 정직원들은 급여를 한 400만 원씩, 500만 원씩 받아가는데, 이 용역에서 온 애들은 140만 원 이렇게밖에 못 받으면서 이 위에 있는, 정작 있는 사람들은 아무것도 하지 않고 밑에 있는 사람들이 죽어라고 일한 거를, 월급은 다 이 사람들이 가져간 거처럼. 이 사람들도 역시 위에 있는 어떤 고위 관직에 있는 사람들은 자기들은 자리만 지키고 있지 제대로 업무를 하지 않고 밑에 있는 사람들의 뭐든, 노동으로 인한 걸 다 그 사람들이 가져가고 그런 거에 대한, 그런 부당한 거에 대한 너무 그런 게 화가 많이 났어요.

그러고 나서 그 결과, 검찰 이런 데서 이렇게 [발표한] 재판 결과를 보니까, 정말로 지금 얘기한 그런 관직에 있던 이 인간들은 고작 감봉 3개월 처벌이 그거예요, 그냥 감봉 3개월. 그렇게 어마어마한 일을 저지르고 어마어마한 생명들을 그렇게 죽게 내버려 뒀는데도 불구하고 고작 감봉 3개월, 안 그러면 지방으로 어디 무슨 발령 이런 걸로 끝내고. 제일 밑에 말단 직원은 현장에서 있었는지 어쨌는지 모르겠지만, 그래서 그러는지 모르겠지만 6년이라는 그런 징역형을 내리면서 그런 걸 볼 때도 너무 부당하다는 생각이 들더라고요.

그래서 이런 것들이 사회적인 전체적인 구조 자체가 문제가 있다는 거에 되게 분노를 많이 했어요. 왜냐하면 외국 같은 경우, 지난번에 어떤 교수님의 강의를 들었는데 우리나라에 지금 그런 것들이 이렇게, 지금 비정규직 계속 그런 얘기들이 있어서 문제가 되고 있잖아요, 비정규직, 정규직 이런 걸로 인한 문제. 그러다 보니까 우리나라 사람들이 옛날에, 그런 우리 어른들 그리고 부모들 세대와 지금 세대가 너무나 살기가 힘든 것이, 그래도 그때는 그렇게 힘든, 살기는 힘들었지만 사람들이 서로 간에 이렇게 이런 관계는 아니었던 거 같애. 그래도 이웃과의 관계, 서로의 관계들이 그래도 존중은 하고 그냥 그렇게 다정하게 그렇게 지냈지만, 지금들은 서로 이게 지금 사회적인 구조 자체가 이렇게 이렇게 되다 보니까 내가 누구를 짓밟고, 짓누르지 않으면 내가 성공할 수 없고 내가 일인자가 될 수 없는 것에 대해서. 그러다 보니까 경쟁하는 이런 사회가 되면서 우리나라가 그렇게 구조적으로 그렇게 잘못됐다는 이야기를 들었거든요.

그래서 덴마크나 스웨덴 이런 나라 같은 경우는 직업에 정말 귀천이 없고, 그런 나라들도 예전에는 얼마 전까지만 해도 우리나라처

151
•
3회차

럼 이렇게 사회적으로 문제가 이렇게 구조적으로 되어 있었는데 이게 바뀌게 된 것이 불과 한 100년 정도도 아직 안 됐다 얘기를 하더라고요. "그러니까 우리나라도 충분히 변할 수 있다"라는 얘기를 들으면서 굉장히 저는 공감했거든요. 그런데 그게 어떤 문제였냐면 이렇게 지금 비정규직, 정규직 나누고 용역도 몇 차에 걸쳐서 용역을, 하청을 주고 하청을 주고 하면서 그런 여러 가지 먹이사슬처럼 그렇게 되다 보니까 다 잘나야 되잖아. "다 잘나야 돼, 애보단 내가 더 잘나야 돼" 그러다 보니까 경쟁 안 할 수가 없잖아요. 근데 외국에서는, 그 덴마크나 이런 나라에서는 직업에 귀천이 없어서 교수인 사람이 청소부 친구를 두기도 하고 의사가 어떤 세탁소 친구를 두기도 하고 그렇게 정말 빈부의 격차가 없이 그런 구조로 지금 바뀌었다고 하면서, 그렇게 바뀌어야 된다는 얘기를 들으면서 굉장히 공감을 했거든요.

그러니까 이 세월호 참사 이후에 그런 것도 제가 변한 거예요. 교육이나 이런 것을 받게 되고 그런 것을 강의를 듣게 되면서 많이 생각해 보게 되고 변하게 되고 그래서 그 사람들이 얘기할 때, 그 대학교수나 그 덴마크 같은 경우 그 대학교수와 청소부 이런 사람들의 수입에, 수입에 차도 별로 없다고 그러더라고요. 그렇기 때문에 경쟁을 하지 않는대. 그리고 대학교수가 청소부 하는 사람한테 "청소부 일이 어떠냐?"고 물어볼 때에는 그 사람을 무시하려고, 그 사람이 월급이 얼마나 되느냐, 내가 이 사람을 무시해도 되는 상대인지 아닌지를 판단하기 위해서 물어보는 게 아니라 정말로 그 직업이 얼마나 재미가 있고 그 직업이 어떤 직업인지가 정말 궁금해서 물어본다

영만 엄마 이미경

는 얘기를 하면서 엄청 그것이 맘에 아주 와닿더라고요. 그렇게 되어야만 지금처럼 우리가 이렇게 사회에서, 여러 가지 문제로 인해서 서로 이렇게 서로 짓밟고 내가 최고가 되기 위해서 이렇게 경쟁하고 이러는 것이 아니라, 그리고 내 이웃을 좀 돌볼 줄 알고 서로가 정말, 사회가 이렇게 좀 아름다운 사회가 될 수 있도록. 그렇게 되려면 많은 것들이 지금 말한 것처럼 변해야 되고 이런 정치적인, 정치권이나 아무튼 많은 그런 구조적인 문제나 이런 것들이….

그래서 가만히 생각하면, 근데 한도 끝도 없는 거 같애. 이게 너무나 많이 지금 우리나라에 이런 구조인 거, 여러 가지 문제들이 지금 이렇게 악, 그러니까 악의 이런 구조로 완전히 꽉 차 있기 때문에 이것을 변화시키기 위해서는 물론 굉장한 시간과, 모든 고민들도 역시, 내가 조금씩 피해를 보고 하는 것에 있어서 내가 조금 불편한 거에 있어서 변화하기 위해서는 여러 가지 그런 단계를 과정을 거쳐야 되기 때문에 그런 것들이 필요하지 않을까 싶어요. 그래서 진상 규명하는 거에 있어서는 분명히 우리 아이들의 그런 억울한 죽음도 죽음이지만 이런 사회의 어떤 세월호, 제가 그래서 생각하는 건 그런 거예요. 세월호 참사 이거를 정말 제대로 해결을 한다 그러면 우리 대한민국도 분명히 이거를 계기로 해서 변화가 분명히 있을 거 같다는 생각이 들거든요. 그렇지만 그렇게 하기까지가 과정이 되게 힘들어지겠죠, 그런 진상 규명을 하기까지가. 진상 규명을 하려고 하는 사람들이 정말로 얼마나 의지를 가지고 해야 되는 일, 진상 규명을 해야 되는 사람들이 얼마만큼 정말로 여기에 동참을 하고 꼭 하겠다고 나설 수 있는 사람이 몇 명이나 있을까 그런 생각이 들고.

그리고 지난번에 저희 유경근 집행위원장이랑 엄마 한 분이 유럽 다녀오셨잖아요? 갔다 오면서 거기에서, 파리에서 세계적으로 참사에 있었던 피해자 모임 가족들이 이렇게, 어떤 기관 기구라고 해야 되나? 그런 게 있다고 하는데, 그래서 여기 안산에도 이번 7월 달에 그분들이 오신다고 하는데 그때 갔다 오면서 거기에서 유경근 집행위원장이 한 얘기가 "이 세월호 참사가 우리는 그래도 이것이 10년 정도의, 사람들이, 밖에서 바라보는 사람들 얘기가 10년 안에는 밝혀질 거라고 얘기를 한다" 그 얘기를 들으면서, 그냥 내심 기대도 되지만 좀 슬프기도 하고 그랬어요. 왜냐하면 영국에 힐즈버러의 경기장, 축구 경기장 무너지면서 거기에서 97명인가 96명이, 96명이 참사를 당했잖아요. 그렇게 되었는데 거기가 진상 규명이 되고 하기까지가 지금 27년, 26년 이렇게 걸렸다고 하고, 그리고 광주사태[5·18광주민주화운동] 같은 경우도 우리가 그동안에 언론이 발달이 그 당시에는 안 되어 있었기 때문에 광주사태가 있었던 것도 사실은 나중에 오래 지나서 듣게 됐고 어떤 일이었다는 걸 나중에 정말 알게 되고 자세히 알게 됐지만, 예전에 그 당시에는 아무도 그렇게 어마어마한 그런 충격의 사건이었고 참사였는지는 몰랐었잖아요. 근데 그 광주사태 같은 경우도 지금 한 30 한 6년째 지금 됐는데, 거의 지금 삼십 몇 년 되면서 이제 밝혀졌다고 하는데, 아직 최종 발포 명령자가 밝혀지지 않았지만 그래도 이 참사가 이렇게 진상 규명이 됐다고 하는데, 그런 얘기들.

그러면서 '10년이[면] 참 감사할 것 같다'는 생각이 들었어요, 저는. 왜냐하면은 삼십몇 년 씩 걸리고 이십몇 년씩 걸려서도 밝혀진

다 그러기만 하면 참고 기다려야 되고 당연히 밝혀야 되지만, '정말 10년 안에만 밝혀진다 그러면 정말 감사하겠다'는 그런 생각이 들었어요, 근데 여전히 그 생각은 마찬가지고. 진상 규명하는 것은 억울하게 죽어간 우리 아이들 명예를 위한 것도 분명히 있지만 그것보다 더 큰 이유는, 꼭 밝혀야 되는 이유는 이 대한민국에 정말로, 이 대한민국이 정말 나라로서 존재해야 된다 그러면 제가 보기로는 이 세월호 참사가 제대로 밝혀지지 않는다 그러면은 이 대한민국이 굉장히 조금 처참하지 않을까 그런 생각이 들거든요. 내 일이어서가 아니라 제가 2년 동안에 지켜보니까 이 나라 정치하는 사람들 이런 사람들을 보면서 깨달은 게 그거예요.

없는 사람들, 약한 자, 힘없는 사람들이 이렇게 언제까지 무시당하면서 고통받으면서 살아야 될지, 정말로 사람들이 평등하게 헌법? 그런 거를, 그냥 그것도 그냥 얼추 들어서인지 알게 됐지만, 그렇게 "국민이 이 나라의 주인이고 국민으로부터 권리가 시작되고" 뭐 어쩌구저쩌구 그런 이야기들이 정말로 제대로 통하는 나라가 됐으면 좋겠다는 생각이 들더라고. 그러니까 이것도 제가 굉장히 큰 변화인 거예요. 내가 왜 나라를 생각해야 되고, 나라를 걱정해야 되고, 내가 우리나라 때문에, 내가 이 진상 규명이 되어야 된다는 게 진심인 거예요. 우리 아이가 물론 죽음, 억울한 죽음에 당연히 이 아이들의 명예를 당연히 회복해야 되는 거 분명히 맞고, 명예가 회복이 된다는 이야기는, 진실 규명이 되면은 그것이 명예가 회복이 되는 거겠죠. 이 아이들을 우상처럼 섬겨주고 이런 게 아니라 정말로 참사의 진실이 제대로 꼭 밝혀져야 되는 거는 분명히 맞는 거 같애. 그래야지만 앞으로 어떤 일이 있어도, 작든 크든 그런 일에 있어서 앞으로도 이 국가가 이 국민을 정말로, 인간을 정말로 소중하게 생각하면서 어떤 참사에도 아니면 어떤 작은 사고에도 국민을 소중하게 대우할 수 있는 그런 나라가 분명히 되어야 되지 않을까.

그러면서 이 시대가, 제가 생각하기로는 10년이라고 얘기했지만 10년이면 이 정치권에 저기가 바뀌긴 바뀔걸요. 왜냐하면 현재 이 국회의원들이, 이 세대가 바뀌어야 되는 거잖아요. 우리 같은 이렇게 우리 세대인 사람들도 좀 힘들어, 이 사람들도 없어져야 돼. 그리고 지금 온전히 젊은 사람들 이런 사람들이 정치인이 개혁이 되면서, 그래서 그러기 위해서는 저희 세월호 유가족들도 끊임없이 아마 애를 쓸 거예요. 그것이 우리 아이들 위한, 진상 규명을 위한 일이 될 수도 있지만 그것은 크게 봐서는 정말로 이 국가에 국민을 위한 일이 될 수도 있다고 저는 생각을 하거든요. 우리가 지금까지 이렇게 버텨오게 된 것도 물론 함께하는 국민들이 물론 있었고, 여기에 '이 세월호 참사를 마음 아파하면서 이게 진실이 꼭 밝혀져야지 이 대한민국에 미래가 있다'라는 거를 다들 마음에 담고 함께 싸워주는 사람들이 분명히 있기 때문에 지금까지 올 수 있었지만. 그러니까 그런 세대들이, 지금 저희가 기대하는 건 그런 생각이 들어요. 이 50대 이상 이런 사람들은 아직 굉장히, 아직까지도 굉장히 보수적인 사람이 대부분이에요.

그렇지만 저희가 이렇게 간담회를 다니고 세월호 유가족들이 지금까지 어떤 참사에 있어서도 저희처럼 세월호 유가족처럼 이렇게 나서서, 아까도 계속 얘기했지만 어떤 참사에 있어서 우리 아이들도 그냥 처음에 애들이, 그때 청문회에서도 그랬잖아, 뭐라 그랬더라 "애들이 잘 몰라가지고, 아직 어리바리해 가지고, 애들이 상황을 판단 못 해가지고 죽었다"고 누가 그때 그런 것처럼, 정말로 그게 아니고 애들이 지금 이 시대 아이들이 더, 어른이, 우리 세월호 엄마들이 아빠들이 움직이는 것에 대해서 아이들도 다 알고 있어요. 왜 우리가 이렇게 싸우고 있는지를 알고 있더라고요. 그래서 문제는 솔직히 어른들이에요. 지금까지 모든 것에 있어서 잘못은 다 어른들이 했지만, 여전히 지금도 문제는 어른들이라고 보거든요. 그래서 어른들의 어떤 세대가 한 번, 세대가 분명히 한 번, 세대는 갈아야 돼. 그러면은 조금씩 변화가 되지 않을까. 그리고 아이들이 우리가 만나는 아이들 이렇게 보면, 이야기를 해보면 정말로 많이 알고 있지 않은지는 모르겠지만 조금을 알더라도 제대로 알고 있어요, 아이들은. 우리가 아이들 만나보면, 이야기해 보면은 많이 알아요. 아이들이 제대로 알고 있고 이 세월호 본인들 스스로 "세월호 세대 아이들"이라고 얘기를 하면서 아이들이 제대로 알고 있고. 아이들이 많이 안타까워하고 있고 본인이 그 일에, 본인이 당사자가 될 수도 있었다는 것 때문에 그런지 어쩐지 모르지만 되게 마음이 아프더라고요.

어른들을 신뢰하지 못하고 이 나라 국가를 신뢰하지 못하고 그런 것에 있어서, 그렇다고 그러면 정말로 바뀌기 쉽지 않을까요? 청년실업 문제 여전히 힘들고 대학생들도 졸업하면서 자기 앞가림하느라고 헐떡거리고 힘들고 물론 그렇겠지만, 분명히 바뀌긴 바뀌지 않을까. 이 아이들이 미래에 이 세월호 사건은 분명히 시대적으로, 역사적으로 분명히 큰 사건임이 분명하고 이걸 통해서 이 대한민국이 분명히 변화가, 분명히 한 번은 오지 않을까 그런 기대를 하고 있어요. 그래서 많이 예전처럼, 아까도 얘기한 것처럼, 그동안의 참사들처럼 세월호 가족들도 만약에 정부에서 예전에 했던 것처럼 똑같이 배·보상을 통해서 그냥 끝내려고 했을 때 그걸 받아들였다고 그러면 아마 두 번째 세월호 사건, 거듭 이런 세월호 사건이 또 발생이 분명히 되고도 남을 거라고 보거든요.

그렇지만 지금 우리 가족들이 이 국가에서 우리를 생각할 때에 그렇게 얘기하면 참 비참하고. 우리가 늘 엄마들이 가장 비참해하는 것이, 우리 아이들이 없는 집 자식들이었고 이렇게 보잘것없는 도시에 사는 아이들이 아니었다면 우리 아이들 [희생자로] 선택되지 않았을 거라는, 선택되지 않았나 생각을 할 때 굉장히 저희가 비참⋯⋯.

부모로서 굉장히 비참하고 많이 마음이 아픈 부분이지만 또 아니라고 부정할 수 있는 것도 아니잖아요, 사실이니. 그러다 보니까 우리 부모들을 정부에서 정말로 의도적이고 계획적으로 그랬다면 부모들이, 우리 부모들이 정말 없는 사람들이니까 돈 몇 푼에 그냥 쥐어 주면 먹고 떨어질 줄 알았을 수도 있었겠죠. 하지만 더 악착같고 이렇게 삶에 여러 가지 역경을 겪으면서 질기게 이렇게 애쓰고 열심이었던 엄마들, 아빠들이었기 때문에 더 포기할 수 없는 거. 그러니까 국가가 잘못했다는 거 얘기를 꼭 하고 싶어요. 이 부모들이 얼마나 지독하고, 그래서 끝까지 이거 분명히 밝힐 거라는 거 그래서 이 나라에 분명히 변화가 올 거라고 그렇게 믿고 싶고, 아무튼 진상 규명은 꼭 되어져야지.

책임자 처벌, 저는 어디 가서도 얘기하지만 처음에는 책임자 처벌 안 해도 상관없다고 진상 규명만 꼭 됐으면 좋겠다고 했지만, 지나면서 [바뀐 생각이] 책임자 처벌도 꼭 해야 돼. 나쁜 사람들 벌을 주든 다른 나라처럼 정말로 그거에 아주 합당한 벌을 줘야 되지 않을까 싶어요. 어떤 [나라에서는] 국회의원이 잘못해 가지고 전봇대에 매달아 놓고 지나가는 사람들이 전부 다 손가락질하고 지켜보고, 전봇대에 매달아 놓고 하는 벌을 내리는데, 그렇게 정말 아주 대가를 치러야지만 법도 무서운 거 알고 그러는 게 돼야 되는데. 아무튼 가장 첫 번째는 구조적인 문제, 정치적으로 구조적인 문제에 변화가 있어야 될 것이고. 그것도 국민들이 해나가야 할 일이 아닌가 싶어요. 국민들이 지금처럼 이번에 선거하는 것처럼 올바른 사람을 뽑아야 하고, 정말로 양심 있고 바른 사람을 뽑아야 되겠죠. 그런 것들도 국민들이 조금씩 변화를 일으켜야 되지 않을까 그런 생각이 들어요.

10
앞으로 삶에서 추구하고 싶은 목표

면담자　　마지막 질문이 될 것 같은데요. 어머님의 남은 삶에서 추구하고 싶은 한 가지 목표가 있다면 어떤 게 있을까요?

영만 엄마　　추구하고 싶은 목표…. 아까 얘기한 것처럼 삶에 의욕이 없어서 뭘 하고 싶은 거보다는, 그냥 처음에도 그랬어요. 그리고 『약전』[『416 단원고 약전』] 이거 [할 때도 말했는데], 그냥 오로지 저는 영만이에 대한 생각밖에 없었어요. 그리고 지금도 생각하니까, 어떻게 보면 어리석은 생각이었을지 모르지만 처음에 사고 나고 며칠 지나지 않아서 거기 팽목항에 와가지고 적십자, 대한적십자 이런 데서 와서 봉사하는 걸 보면서 엄청 감사하단 생각을 했거든요, 사실은 감사했고. 그러면서 그 사람들 보면서 그랬어요. 내가 돌아가면 나도 이렇게, 그때는 내가 이렇게 사회적인 문제, 여러 가지 이런 참사에 여러 가지 문제라는 거를 생각을 하지 않았을 때였죠, 그 당시에는.

그래서 그런 생각을 했었어요, 돌아가면 나도 저렇게 그 사람들을 보면서 이 사회에 정말 나도 봉사나 이런 걸 통해서 다른 사람에게라도 봉사라도 하고. 내가 그렇게 그러니까 그때는 내 아이를 잃은 슬픔과 이런 고통을 그걸로 내가 위안을 하려고 내 나름 생각했던 거 같애. 내가 이 아이를 이렇게 보내면서 내가 보람되게 산다고 하는 것이, 내가 사회에 돌아가 가지고 열심히 이렇게 하는 것이 내가 보람된 일일 거라고, 내가 그렇게 착각을 했던 거죠. 근데 돌아와서 보니까 이거는 정부에 대한 실망과 여러 가지 이런 분노로 인해서 그게 지금은 안 되고 있는 거죠. 내가 내 마음이 모든 걸 용서할 수 있어야 되고 그래야지만 내가 다른 사람한테 정말로 내 진심으로 내가 그 사람들에게 봉사할 수 있고 내가 이 사회에 내가 봉사할 수 있고, 어쨌든 그런 거잖아요. 그러니까 그게 처음 생각처럼, 지금은 생각이 좀 달라졌어요.

그렇지만 아이를 위해서, 아이의 이름으로 아이가 여전히 함께 하고 있다는 거를, 내가 위로하고 싶은 생각으로는 처음에도 그 교육청에서, 그 경기도 교육, '4·16장학재단' 이런 거를 지금 운영을 하고 있어요. 그런데 사람들이 너무 나쁜 거예요, 그것도 4·16장학재단이라 함은 우리가 생각할 때는 처음에 그랬거든요, 설명할 때. 4·16장학재단하면 아이들 이름, 개개인의 이름으로, 저는 그때 듣기를 그렇게 들었어요. 처음에 설명들을 때 만약에 우리 아이 이름으로 5000만 원이면 5000만 원 금액이 정해져 있어요. 그러면 내가 어디 "내가 우리 아이 이름으로 어디에다가 이거를 내가 장학금을 주고 싶습니다" 하고 얘기를 하면은 그렇게 준다고 저는 들었거든요. 근데 알고 보니까 그게 아닌 거예요. 지금 4·16장학재단이 이름만 4·16장학재단이고 우리 가족의 그런 이름만 빌려가지고 지금 운영을 다른 사람들이 지금 운영을 하고 있어요. 그 운영 주체가 누구냐 하면, 보니까 학교 교직을 퇴직한, 교장선생님으로 퇴직한 그런 사람들이 그곳에 4·16장학재단에 운영을 맡고 있는 거예요. 그거는 아닌 거잖아.

왜냐면 우리는, 우리가 처음에 그거를 4·16장학재단이라고 들었을 때에는 우리 아이들의 이름으로, 우리 4·16가족협의회가 우리의 이름으로 이렇게 하는 줄 알았거든요. 그래서 굉장히 좋은 그런 취지라고 저는 생각을 했었는데, 지나고 보니까 그게 아닌 거야, 그러니까 다 이렇게 또 실망인 거예요. 국가에서 이것도 하나의, 우리를 그냥 잠시 우리의 마음을 위로라고, 이렇게 잠시 위로하는 것처럼 해가지고 돌려놓기 위한, 이런 것도 어떤 하나의 방법이었던 거라는 생각이 드니까 그것도 너무 괘씸한 거예요. 그게 4·16장학재단이 저기 교육청 건물 외부에 입구에 있어요. 2층엔가 어디에 있더라고요, 보니까. 그러니까 이것도 우리가 온갖 싸움에 싸움에 다 쫓아다니다 보니까, 하나하나 이런 거를, 이게 설립되고 어떻게 할 때 관여를 할

161
•
3회차

수 없었던 것이 문제가 될 수도 있겠지만, 아무튼 지금 다른 곳에서 지금 운영을 하고 있어요.

근데 그런 것도 나는 너무 화가 나거든요. 그래서 저는 처음에 배·보상이 얼마나 나오는지 어쩐지 이런 거 모르지만, 그냥 내가 의미 있게 [후원하겠다고] 우리 아들을 위해서 그런 생각을 했어요. 아들을 위해서 그렇게 학교나 우리 [아이]가 졸업했던 초등학교, 되게 좋아했고 잘 다니고, 아들이 그 의미가 있을 만한 곳에 저는 장학금을 해야 되겠다는 생각을 하고 있었거든요. 예전도 지금도 그 마음은 변함은 없어요. 지금 아시겠지만 배·보상을 다 받은 상태가 아니고, 물론 일부는 지금 성금이든 뭐든 일부는 받았지만 그거 가지고는 내가 [후원을] 할 여유는, 마음의 여유는 없어요. 그래서 지금은 아직 이렇게 하고 있고 그리고 한데, 그리고 아이들, 외국의 어려움 있고 이런 아이들을 후원하는 일, 이런 거는 충분히 할 수 있는데 그것도 아직 미루기만 하고 지금 생각은 계속하고 있고. 우리 큰아이랑 지금 얘기를 하고 있고 "어떤 일을 했음 좋겠냐?" 이런 얘기를 가끔 주고받았는데 또 본격적으로 그 일을 지금 하고 있지는 않지만, 그런 생각을 하고는 있어요.

우리 아이를 누가 기억해 주겠어요? 부모인 나와 우리 가족이, 우리 아이를 기억을 해야 되잖아요. 그러니까 아이가 잊혀지지 않도록 우리 아이가 좋아했던 곳에 의미 있는 곳에 저는 꼭 후원을 하고 싶고. 그리고 우리 큰아이랑 제가 얘기한 적이 있었는데, 제가 욕심이 되게 많다고 그랬잖아요. 그래서 아이가 하고 싶었던 거, 그러니까 아이가, 말하자면 '아이의 버킷 리스트' 그 버킷 리스트를 엄마가 하는 거를 생각은 하고 있는데 가능할지는 모르겠어요. 그런 생각도 저는 해봤어요, 아이를 위한 버킷 리스트. 우리 아이가 랩을 굉장히 잘하고 좋아했었거든요, 그런 거 아이를 위한 공연. 제가 뭐 노래하는 것도 좋아하고 하니까 언젠가는 우리 영만이를 위한 그런, 준비하는. 내가 할 수 있는 그런 걸 준비를 해서, 지금까지 그림을 배운다 그러면 그림 위한 전시, 아이를 위한 그런 전시나 이런 거를 꾸준히, 아이를 오래도록 기억할 수 있는 그런 의미 있는 일을 하고 싶다는 생각을 하고 있어요.

그렇지만 삶에 의욕이 없어서 잘할 수 있을지 모르겠지만 아무튼 그런 생각을 가지고 그래도 뭔가를 할 수 있으면, 그래서 우리 큰아이랑 얘기한 적이 있었는데 큰아이는 지금 해금을 배워요. 그래서 너는 해금 배우고, 그 공연 같은 작은 공연 같은 것도 할 수 있잖아요. 해금하고 제가 노래를 준비를 하거나, 영만이가 좋아했던 정말 내가 랩을 다 해가지고 랩을 부르는 거. 구성이야, 기획이야 어떤 공연을 준비할 때 다양하게 할 수 있으니까 혼자 그런 생각도 했는데, 그게 실현 가능할지는 모르겠지만 그런 생각들을 가끔 제가 하면서 그냥 아이들 기억하려고 그렇게 애쓰고 있어요.

면담자   네, 이것으로 영만 어머님 구술을 모두 마치겠습니다. 감사합니다.

4·16구술증언록 단원고 2학년 6반 제4권

그날을 말하다 영만 엄마 이미경

ⓒ 4·16기억저장소, 2020

기획 편집 4·16기억저장소 ︱ **지원 협조** (사)4·16세월호참사가족협의회
펴낸이 김종수 ︱ **펴낸곳** 한울엠플러스(주)
초판 1쇄 인쇄 2020년 4월 1일 ︱ **초판 1쇄 발행** 2020년 4월 16일
주소 10881 경기도 파주시 광인사길 153 한울시소빌딩 3층
전화 031-955-0655 ︱ **팩스** 031-955-0656 ︱ **홈페이지** www.hanulmplus.kr
등록번호 제406-2015-000143호

Printed in Korea.
ISBN 978-89-460-6758-5 04300
         978-89-460-6801-8 (세트)
* 책값은 겉표지에 표시되어 있습니다.